afgeschreven

D1349507

Maarten Kolsloot

STRIKE OUT

De verwoeste droom van de talentvolle
honkbalbroers Halman

Meer lezen over deze auteur?
Zie www.uitgeverijdekring.nl/maarten-kolsloot

Dit boek is ook te lezen als eBook

Dit boek kwam mede tot stand dankzij een subsidie
van het Fonds Bijzondere Journalistieke Projecten

Tweede druk: september 2014
Eerste druk: september 2014
© 2014 Maarten Kolsloot
Alle rechten voorbehouden
Omslagfoto: Gregory Halman, © Jeff Marsh with
permission of the Seattle Mariners
Ontwerp omslag en binnenwerk: Mulder Van Meurs
ISBN 978-94-91567-60-5
NUR 489 sportverhalen
www.uitgeverijdekring.nl/strike-out

Inhoud

Vooraf

Gregory Halman geeft een stevige hand. Hij lacht vriendelijk als ik hem om een interview vraag. Het is juni 2011. Halmans Seattle Mariners zijn op bezoek bij de Washington Nationals in de Amerikaanse hoofdstad. Voor de tweede keer in een jaar tijd wil *NUsport Magazine*, dan het toonaangevende sportblad in Nederland, een artikel over de jonge honkballer. Vrij uniek voor een niet-voetballer.

Ik ben verbaasd over het plezier dat de Haarlemmer uitstraalt. Meestal zijn ze veel zakelijker, die profhonkballers, en niet zo uitbundig als de gespierde kerel voor mij.

Hij vertelt over zijn dromen en doelen en ik raak onder de indruk. Halman lijkt recht uit z'n hart te spreken en nergens voor terug te deinzen. Als ik vraag of hij het artikel wil lezen, zegt hij kort: 'Maak er gewoon een cool stuk van.' Dan sprint hij weg naar een teambespreking. Bijna te laat.

In diezelfde periode bel ik met vader Eddy Halman. Luidruchtig, gepassioneerd en soms slecht te verstaan door de telefoon. Een kleurrijke man, denk ik dan. Hij vertelt hoe bijzonder het is wat Greg doet en hoe trots hij is. Vader Halman praat ook over zijn andere zoon, Jason.

Dan realiseer ik mij dat ik Jason enkele maanden eerder in Florida zag spelen. Op een trainingskamp met het Nederlands team scoorde hij een punt tegen de profs van de Philadelphia Phillies en maakte hij indruk met enkele lange klappen. Bijzonder, twee goede honkballers uit één gezin, denk ik.

Nadat mijn artikel over Gregory is verschenen, blijf ik de resultaten van beide broers volgen. Gregory speelt zo nu en dan bij de Mariners, Jason valt af voor de Oranjeselectie die in oktober 2011 het WK in Panama speelt.

Voor m'n werk kan ik niet veel met mijn interesse voor deze twee honkballers uit Nederland; honkbal haalt de pers sporadisch.

Dat verandert.

Nederland wordt wereldkampioen in Panama. Ik ben erbij en maak een boek, *Honkbalgoud*.

Als dat boek bijna af is, krijg ik telefoon. Gregory Halman is dood. Gestoken met een mes. Zijn broer zit vast. Ik wilde in dat boek beschrijven wie mogelijk de nieuwe Nederlandse ster zou kunnen zijn, en de keus was op Gregory Halman gevallen. Hij wordt alsnog het onderwerp, maar dan van een terugblik. Het zal wel het laatste zijn dat ik over Halman schrijf, denk ik dan.

Dat loopt anders.

In de jaren die volgen spreek ik tientallen ploeggenoten, vrienden, coaches en andere betrokkenen. Allemaal lijken ze diep geraakt door de dood van Gregory Halman. Sommigen hebben ter herinnering tatoeages gezet, anderen dragen een homerun aan hem op. Opmerkelijk genoeg wordt ook zijn broer Jason overladen met steunbetuigingen. In de Rotterdamse rechtbank zie ik hoe vrienden klappen als Jason wordt ontslagen van rechtsvervolging en naar huis mag.

Langzamerhand besef ik dat het verhaal van de broers Halman een volstrekt uniek verhaal is in de Nederlandse sportgeschiedenis. Door hun prestaties, door wie zij waren en door wat er gebeurd is. Het zal me niet meer loslaten.

En zo begint een lange reis die mij brengt naar kale prairies in Amerika, Nederlandse sportparken en witte Arubaanse stranden. Op zoek naar de wortels van het Arubaanse honkbal in Nederland en in het bijzonder de komst van Eddy Halman naar Haarlem begin jaren '70, op zoek naar de geboorte en groei van Gregory en Jason, misschien wel de grootste twee honkbaltalenten die Nederland ooit kende.

Tijdens die zoektocht leer ik meer over de successen en tegenslagen op en buiten het honkbalveld, en over het onbeschrijflijke persoonlijke drama dat volgde. Het was een moeilijke weg, die ik met de grootst mogelijke zorgvuldigheid en compassie heb proberen af te leggen.

1. De geboorte van een vader

Aan de oostkant van Aruba, in een tuin aan de rand van San Nicolas, niet ver van de golfbaan, worden twee buurjongens gescheiden door een muurtje. De avondschemering valt in. Eddy Halman, een lange, drukke tiener die goed kan honkballen, zit in de tuin van zijn oma. Hij is haar oogappel en als het kan komt hij hier om zijn strenge moeder en haar riem te ontlopen. Aan de andere kant zit zijn vriend Jan Collins, in de tuin van zijn ouderlijk huis. Zo zitten ze hier vaker, de jongetjes die honkbal ademen, slapen, dromen. Na het eten, nog even kletsen. Nou ja, even... Vaak is Eddy uren aan het woord. Verhalen over meisjes die hij heeft veroverd of homeruns die hij sloeg. 'Ik ga naar Nederland,' pocht hij, 'en als ik daar één week speel, dan komen de scouts uit Amerika. Die zien mij spelen en dan krijg ik een contract. Als ik een contract krijg, heb ik geld en dan kom ik je halen.'

Het zijn de jaren zestig. Voor Arubaanse honkballers is Amerika vooral een onbereikbaar paradijs.

Waarom hij zo graag weg wil, zegt de jongen niet. Wat hem in Nederland staat te wachten, weet hij dan nog niet.

Z'n vriend begrijpt er niet veel van, hun kleine beschermde wereld op het door de woeste oceaan omgeven eiland lijkt al ingewikkeld genoeg. 'Keep on dreaming,' roept Collins naar Eddy. Ze schateren.

San Nicolas

Juana Morto in San Nicolas is een wijk met lage huizen zonder straatverlichting. Na een regenbui staan de kuilen in de weg dagenlang vol water. Niemand heeft het er breed, al is het leven er beter dan in de verderop gelegen sloppenwijk, waar de huizen krap op elkaar staan en elektriciteit schaars is. De sociale controle is hier streng. Mocht de buurvrouw zien dat je een streek uithaalt, dan weet je bijna zeker dat ze het doorvertelt aan je ouders. Wat volgt staat al vast. Als je slim bent, maak je tijdens zo'n pak rammel veel lawaai, anders zouden ze eens kunnen denken dat het meevalt. Jaren later trekt Eddy Halman een grimas bij de herinnering.

Tot het begin van de twintigste eeuw geeft niemand echt om zijn eiland. Het is kleiner dan een Nederlandse provincie, groter dan een Waddeneiland. De aarde is er zo ruw en droog dat de Spaanse ontdekkingsreizigers het in 1499 links lieten liggen. Op Aruba viel niets te halen, dachten ze. Zestien jaar later waren de schepen terug. De indianen op het eiland werden gedeporteerd. Stilte volgde. Tot de negentiende eeuw waren er weinig kolonisten op Aruba. De Arubanen moesten het doen met de snel uitgeputte zilver- en goudvoorraden en de karige opbrengsten van het dorre land.

Voor San Nicolas veranderde alles met de komst van de raffinaderij in de jaren twintig. Oliemaatschappij Lago ziet in Aruba een veilig alternatief voor het politiek onrustige Venezuela. Het eiland, dat zelf geen aardolie heeft, ligt mooi op de route van Venezuela naar de Caribische

Zee en de natuurlijke baai bij San Nicolas is de perfecte plek om ruwe olie over te slaan en te raffineren. Torenhoge pijpen verschijnen aan de horizon. Witte pluimen vullen de strakblauwe lucht. Met de schepen komt welvaart en de hoop op een beter leven. San Nicolas groeit. Arbeiders komen over uit landen als Venezuela, Colombia en de Britse Bovenwindse Eilanden. In de straten van het kleine stadscentrum klinkt steeds meer Engels. Mannen met olievlekken op hun werktenue fluiten er in de nauwe straatjes naar hoertjes. De raffinaderij vormt een nieuwe levensader voor het arme stadje. Er glijden steeds vaker glimmende Studebakers en Chevy Bel Airs door de hoofdstraat.

Voor de jongens uit Juana Morto hadden die luxe wagens net zo goed op Mars kunnen staan. Het leven in hun wijk is ruw en hard. Druk en luid. Een paradijs, maar niet voor amateurs, zoals de Amerikaanse schrijver Daniel Putkowski het zei. Gebroken gezinnen zijn er eerder regel dan uitzondering. De nieuwe, veelal zwarte, immigranten worden door de lichtere bevolking van Oranjestad niet erg hartelijk ontvangen. 'Chocolate City', noemen ze Eddy's stad ook wel. 'Er werd neergekeken op de zwarte mensen uit San Nicolas,' zegt honkbalcoach Tony Rombley, 'omdat de meesten gastarbeiders waren.'

Blank en zwart zijn grotendeels gescheiden. De blanken in San Nicolas zijn met name Amerikanen van de raffinaderij die leven in The Colony, een afgescheiden woonwijk aan de uiterste zuidoostpunt. De blanke managers hebben er een prachtig uitzicht op zee en een eigen ziekenhuis, supermarkt en scholen. De toegangspoort gaat alleen open als je in de raffinaderij werkt en een toegangspasje hebt, of als je tegen de Amerikaanse honkbalploeg moet spelen. Baby Beach, het mooiste stukje strand van het eiland met lichtblauw water, is onbereikbaar voor gewone, zwarte, Arubanen.

Huis op de heuvel

Eddy woont in een eenvoudig huis op de heuvel, met een metalen dak en kleine ramen. Achter het huis wappert de was in de wind en steken vingervormige cactussen meters in de lucht. Binnen is het een drukte van belang met vier zussen en vijf broers. Eddy, de oudste van het gezin, is de enige met een andere vader. Zijn biologische vader ziet hij niet veel. Z'n moeder, een pezige vrouw met een strenge gelaatsuitdrukking, is kok, politieagent en opvoeder in één. Iedereen lijkt welkom in haar huis. Een jeugdvriend herinnert zich de lekkere bonensoep en kip met rijst. Haar hand is hard. Als Eddy te laat thuiskomt, krijgt hij een tik met de vlakke hand, een riem of een elektriciteitsdraad. 'Daar kon je geen grappen mee maken,' zegt Eddy later, 'mijn moeder was als een man.' Als Eddy z'n broer een paar tikken geeft, krijgt hij ze terug van zijn moeder.

Eddy is graag op zichzelf en leeft veel buiten. Racen met een wiel zonder spaken dat je voortduwt met een gebogen kleerhanger, een beetje zwemmen in de zee, maar vooral honkbal, de populairste sport van het eiland in die dagen. Een bezemsteel of de stam van een oude kerstboom wordt een knuppel, de verpakking van een kartonnen waspoederpak dient als handschoen. Met een beetje pech gaat zo'n kartonnen ding na één dag stuk. Wie mazzel heeft, kan zich een echte knuppel en een leren handschoen veroorloven. Knuppels die kapotgaan, worden met spijkertjes en plakband bij elkaar gehouden.

Eddy rent naar de buurtwinkel waar zijn vriendjes zich verzamelen. Voor de wedstrijd begint, legt iedereen een kwartje in. De winnaar krijgt een kratje cola. De jongens uit Esso Heights tegen de jongens uit Juana Morto met Eddy. De velden zijn meestal niet meer dan een kale vlakte waar stro telt als gras en de namen suggereren dat er enorme stadions staan: Pepsi Cola Field, Soldier Field, Bad Man Field. Op Pepsi Cola Field, vlak achter het huis met de kleine ramen, moet je de geiten wegjagen voor het spelen. Op Soldier Field, dicht bij de buurtwinkel, herinnert een legerbunker aan de soldaten die er in de Tweede Wereldoorlog naar Duitse onderzeeërs tuurden. Op Bad Man Field moet je oppassen dat een sacherijnige oude man – de *bad man* – je niet uit de boom schiet met z'n katapult.

Honkbal is altijd een verbindende factor in deze stad geweest. Een middel om jezelf te bewijzen, om te knokken voor je buurt, je vrienden, en als je goed bent: voor je eiland op een internationaal toernooi. Met Eddy in je team maak je een goede kans. Hij is groter en sterker dan de jongens uit de buurt en heeft een nogal sterk ontwikkeld rechtvaardigheidsgevoel. Als zijn ploeggenoot wordt aangevallen of je 'm in de weg zit, blaast hij lucht in z'n grote bovenlichaam als een Michelinmannetje. Gepraat wordt er weinig. 'Hij liet je weten: als je niet voorzichtig bent, dan vallen er klappen,' zegt jeugdvriend Dennis Rombley.

Op een dag komt de politie bij het huis aan de onverharde weg. Eddy heeft een twintiger geslagen. De agent gelooft het niet. Eddy is nog maar een tiener. 'Je móést wel vechten, anders ben je het sulletje en krijg je geen vriendin, niks,' zegt Jan Collins. 'Als Eddy je vriend was, zocht niemand ruzie met je,' zegt Glenroy Brown, een familielid en jeugdvriend.

Pepsi Cola

Een pick-uptruck stopt bij het huis aan de onverharde weg. Juan Maduro, manager van Pepsi Cola en honkbalgoeroe voor veel Arubaanse spelers, had zijn oog laten vallen op Eddy, inmiddels een boomlange kerel zonder een gram vet aan zijn lijf. Eddy heeft toegehapt en Maduro komt hem halen. Eddy stapt uit het schemerduister van de woonkamer en ziet een laadbak vol mannen in witte honkbalpakken, het Pepsi Cola-logo prominent op de borst. De ploeg domineert de competitie op het eiland. Eddy klimt in de laadbak en terwijl het stof achter de truck opstuift en de mannen zich aan de reling vasthouden, ziet hij de ruwe veldjes van zijn jeugd in de verte verdwijnen.

Eddy mag zijn kunsten gaan vertonen op het moderne Lago Sportpark, met heuse tribunes en een hek. Soms is het er zo druk dat de toeschouwers een toegangspoort omverlopen. Geld is er niet, je mag al blij zijn met een nieuw honkbalpak, dat je overigens bij vertrek weer moet inleveren.

Honkbal is Eddy's beste kans op een beter leven. Als hij het niet maakt bij Pepsi Cola, is de kans groot dat hij nooit verder komt dan ongeschoold werk. Naar school gaat hij niet graag. Een vervolgopleiding doet hij niet. Als tiener gaat hij al aan het werk, als schoonmaker of als elektrisch lasser, en dat met frisse tegenzin.

Met een honkbalknuppel in zijn hand maakt hij meer indruk dan op de arbeidsmarkt. Slaan vindt hij het mooiste dat er is. Als je slaat, moet je niet mikken op een homerun, maar gewoon zo hard mogelijk door het midden, dan heb je meer kans op een honkslag. 'Sla die werper maar kapot,' zegt hij. Z'n maten lachen.

Werpers hebben snel door dat hij graag slaat, wat voor bal ze ook gooien. Het is alles of niets. Net als bij veel eilandgenoten. Een verre homerun wordt net zo makkelijk afgewisseld met een simpele strike out. Alles wat hard aankomt, slaat hij hard terug. Een *guess hitter* die vaak gokt op een rechte bal, maar dan in de maling wordt genomen met een curveball. De pitcher kan zijn worpen beter afwisselen, anders mag hij de bal in de droge struiken gaan zoeken.

In z'n veldwerk sluipt volgens de krantenberichten uit die dagen nog weleens een foutje en op de honken gaat hij soms onnodig uit als hij z'n snelheid overschat. Ruw talent is er niettemin genoeg. Coach Juan Maduro ziet hoe Eddy vanuit het verreveld probleemloos naar de thuisplaat gooit. Hij gooit zó hard dat medespelers uit voorzorg de bal naast hun lichaam proberen te vangen in plaats van ervoor, zodat een gemiste vangbal niet in een blauwe plek resulteert. Jeugdvriend Dennis Rombley trekt een vies gezicht bij de gedachte aan de pijn in zijn hand. 'De eerste vent die sloeg toen Eddy pitchte, kreeg een bal voor z'n hoofd. Toen zeiden ze: Eddy, ga terug naar het outfield. Niemand wilde meer slaan als Eddy ging gooien. Iedereen was bang. Hij gooide te hard.' De legende wil dat Eddy als tiener meer dan 160 kilometer per uur haalde. Misschien. Niemand heeft de meting. Werpers die zo hard gooien zijn goud waard in Amerika.

Als jochie van krap achttien mag hij mee naar het WK in Venezuela.

Een profcontract lonkt. Amerika. Geld. Vrouwen. Roem. Toch niet.

Zijn vriendin wordt zwanger. Eddy's eerste dochter wordt geboren als hij nog een tiener is.

Dan haalt Eddy weer eens uit. Er vloeit bloed. Zij gaat neer.

Jaren later, op de bank van zijn flat in Haarlem, voert hij als excuus aan dat hij nog geld van haar te goed had.

Op de brommer

De eerste Antillianen gaan in de jaren zestig naar Nederland. Op de eilanden is in die jaren weinig economisch perspectief en de Arubaanse overheid stimuleert haar onderdanen om elders werk te zoeken. Nederlandse werkgevers zien wel wat in de vaak technisch geschoolde Arubanen. Ze gaan onder andere in de Rotterdamse haven werken, of in de Bronswerkfabriek in Amersfoort. Eerst een handjevol, maar gaandeweg komt een stroom van duizenden arbeidsmigranten op gang. Hoewel Arubanen en Curaçaoënaren een sterke eigen identiteit hebben, gooien wij ze hier op één hoop en noemen ze tegen wil en dank allemaal 'Antillianen'.

Als je sommige berichten mag geloven, landen er in die dagen vliegtuigen vol nieuwe Babe Ruths op Schiphol, maar dat valt mee. Wel zijn veel 'Antillianen' aan slag een stuk sterker dan de defensiever ingestelde Nederlanders. Toppers als Hudson John en Simon Arrindell maken dat sommige spelers op zaterdag misschien wel liever thuisblijven.

Met name de verenigingen in de Randstad profiteren van de nieuwe aanwas. Clubs als Sparta in Rotterdam en Quick in Amersfoort groeien uit tot honkbalbolwerken door de komst van Antilliaanse spelers. Soms bevolken ze zelfs een heel team. De Antillianen komen weleens te laat en drinken wat meer dan hun Nederlandse collega's, maar zolang ze hard slaan en ballen vangen is er weinig aan de hand. Honkbal is misschien wel een van de eerste geslaagde integratieprojecten.

Als Eddy in de zomer van 1972 op Schiphol arriveert, verkeert het Nederlandse honkbal in een crisis. Uit de krantenberichten van die jaren stijgt de geur van azijn en wanhoop op. De bezoekersaantallen bij competitiewedstrijden vallen tegen (anders dan de hardnekkige mythe dat overal duizenden fans langs de lijnen stonden) en het Nederlands team presteert slecht.

Eddy heeft andere problemen. De grond op Aruba is hem te heet onder de voeten geworden. Hij moet weg.

Zijn plaats in de Antilliaanse selectie voor de Haarlemse Honkbalweek is een zegen. Eddy verwacht persoonlijk veel van het toernooi, zoals hij altijd veel van zichzelf verwacht. De Haarlemse honkbalpers is nog sceptisch. Het Antilliaans team dat in 1968 zonder Eddy naar Haarlem kwam, maakte niet al te veel indruk. Het zijn de dagen dat Antillianen nog worden aangeduid als jongens 'uit de West'.

Alles is anders in Nederland. Killer, georganiseerder. Het honkbal zit de mensen niet in het bloed zoals op Aruba. Waar honkbal op het eiland een eruptie van plezier lijkt – een sport voor flamboyante mannen met losse heupen die leven voor de homerun – is de sport in Nederland veel meer de erfenis van de keurige grondleggers van de honkbalbond: tactisch, bedachtzaam, gestructureerd, minder aanvallend. Meer een zomers alternatief voor het belangrijkere voetbal. Zelfs de honkbaltaal is anders. Geen *baseball,* maar honkbal. Geen *strike* maar slag, en geen *ball* maar wijd.

Ach, dat soort bespiegelingen zijn aan Eddy niet besteed. Hij heeft meer oog voor de verleidingen om hem heen en die zijn er genoeg. Voor het eerst met de trein. 's Avonds met een meisje naar de disco en overdag op de brommer naar Zandvoort. Eddy vergaapt zich zelfs aan het groene gras op de Nederlandse sportparken: een forse vooruitgang in vergelijking met de dorre grindvlaktes op Aruba. 'Het was een compleet nieuwe wereld. (...) Ik vergat al mijn zorgen,' zegt hij jaren later. Een geïmproviseerde steelband met een koekenpan en blikjes bier stuwt

Eddy's ploeg voort. In het heetst van de strijd vliegt er weleens zo'n blikje bier het veld op.

'Nederland kansloos tegen spectaculair Antillen', kopt het *Haarlems Dagblad* op 1 juli 1972. 'Een verrassend goed voor de dag komend Antilliaans team heeft Nederland in de eerste wedstrijd van de Haarlemse honkbalweek geen enkele kans gegeven,' noteert de verslaggever. De 19-jarige Ronald Briezen steelt de show. Acht strike outs, een onvermoeibare arm, zo lijkt het. Naarmate het toernooi vordert, daalt het spelpeil van de Antillianen. 'De inzet die in de eerste wedstrijden te bewonderen viel, ontbrak nu grotendeels,' noteert het *Haarlems Dagblad* na een overwinning op Italië. '...de Antilliaanse ploeg liep duidelijk in vorm terug, nadat men zeker was van de toernooizege,' staat in een later stuk.

Meerdere ploeggenoten pakken individuele prijzen. Eddy wordt niet verkozen. Zijn naam is zelfs weinig terug te vinden in de wedstrijdverslagen. Als dat wel gebeurt, lijkt er geen journalist die zijn naam goed spelt. Hallmann. Hallman. Halmann. Hollman. Ewardi. Edgar. Eddie. Eddy.

Na de laatste wedstrijd verzamelen zijn ploeggenoten voor de terugreis.

Maar waar is Eddy? Waar is Frank?

Eddy Halman en Frank Lewis zijn een tijdje zoek. Gedeserteerd, heet het. Normaal hoor je dat alleen over Cubaanse honkballers.

Geruchten doen de ronde. Problemen op Aruba. Losse handjes. Justitie. Een aanval op een politieagent.

Eddy zelf heeft het jaren later over een akkefietje met de politie op Aruba.

Veel uitgezocht wordt er niet. 'Het zal wel niks met moord of drugs zijn,' denkt een van de journalisten hardop.

Eddy dúrft niet terug. Hij zegt bang te zijn voor de politie.

Boston

Twee jonge kerels staren uitdagend naar de camera. Frank Lewis, klein, met kort kroeshaar en een volle baard. Eddy Halman is een beetje langer, iets atletischer, met een slank middel en heldere ogen. Het lijkt alsof de hormonen van de foto af spatten. 'Een geweldig enthousiaste kerel, die door zijn ontwapenende eenvoud al veel vrienden heeft,' schrijft het bondsblad in 1972. Vreemde vogels, zo denken diverse kenners uit die jaren, twee Arubaanse boefjes, heel andere kerels dan de keurige Antillianen Hudson John en Hamilton Richardson, mannen die bij wijze van spreken met een pochet in hun pyjama wakker worden. Dit zijn lossere types, kerels die zich niet laten leiden. De wereld lijkt aan hun voeten te liggen, al is de grond daaronder nog beweeglijk.

'Verwacht wordt dat binnenkort weer twee Arubaanse baseballers beroepsbaseball zullen gaan spelen,' schrijft de krant *Amigoe di Curaçao* in september 1972. Eddy zou tijdens een bezoek van Pepsi Cola aan Caracas zijn benaderd door Willy Paffen, scout van de Boston Red Sox. Paffen belt Pepsi Cola-manager Juan Maduro met de boodschap dat Halman zich op 30 september in Caracas moet melden bij profclub Cardenales de Lara voor een try-out. Daar krijgt hij tien dagen de kans om zich te bewijzen voor de beroemde Venezolaanse prof Luis Aparicio, dan nog speler bij de Boston Red Sox en tegelijkertijd coach van de Cardenales. Als Paffen hoort dat Halman niet op Aruba is, vraagt hij naar Halmans adres in Nederland. 'Ik zal hem wel in Caracas krijgen,' zegt Paffen in de krant.

'Boston had interesse in mij, heb ik achteraf gehoord,' zegt Eddy veertig jaar later, 'het is niet aan mij doorgegeven.'

Halman verschijnt nooit in Caracas. Misschien dat Paffen niet in Bussum heeft gezocht.

Via een bevriende Arubaan komen Eddy en Frank terecht in Bussum, bij HCAW, een keurige club in 't Gooi met weinig spelers van buitenaf. Lekker dicht bij de zus van Frank Lewis in Hilversum, waar ze verblijven. De ontvangst bij de club is niet super hartelijk. 'De komst van zwarten viel niet in goede aarde. Men wilde niet de eigen jeugd naar het tweede team sturen,' zegt HCAW-coach Jan Prins.

Van honkballen komt voorlopig weinig. Ze kunnen geen kant op, hun paspoort is ingenomen en de Antilliaanse honkbalbond is woest over de desertie en schorst Halman en Lewis voor twee jaar. Weg hoop op een beter leven, zo lijkt het. De Arubaanse clubs van de mannen, Heineken (Lewis) en Pepsi Cola (Halman), willen hun handschoenen en spullen terug en de Arubaanse bond wil de niet-gebruikte vliegtickets vergoed zien. De Bussumse honkbalbestuurders trekken zich het lot van de kerels aan en starten een maandenlange correspondentie. Het komt de heren in Bussum wel goed uit: beide mannen lijken een soort honkbalgen te bezitten en dat kan de club in degradatienood wel gebruiken.

De bestuurders van de Nederlandse honkbalbond lopen intussen op eieren: de Antillen zijn in die jaren nog een belangrijke sparringpartner die ze niet tegen de haren in willen strijken. HCAW telt na maanden getouwtrek naar verluidt in totaal drieduizend gulden neer als schadevergoeding voor gemaakte kosten.

Lang kan HCAW niet genieten van al die inspanningen.

Net op tijd voor de degradatiestrijd met Luycks Giants uit Diemen zijn de mannen speelgerechtigd. Veertig jaar later kan werper Kees Wijdekop van Giants zich vooral Lewis nog herinneren. 'Die grijnsde naar je, keek, schreeuwde als een agressieve tijger en wees met zijn knuppel naar de werper.' In Amerika zou hij meteen een bal op z'n neus hebben gekregen, maar hier lijken de werpers vooral verbaasd. 'Halman was niet zo uitgesproken als Lewis,' zegt Wijdekop, 'geen sensationele speler die erboven uitstak in de klasse van Antillianen als Hamilton Richardson of Hudson John.' Wel razendsnel. Eddy komt in 1973 door zijn schorsing slechts negen keer in actie en steelt daarin dertien honken. De nummer een in het gestolen-honkenklassement komt tot 17 gestolen honken in 23 wedstrijden. Had Eddy alle wedstrijden meegedaan, dan had hij het klassement niet zozeer gewonnen, maar de concurrentie vernederd. Mede door zijn werk op de honken wordt degradatie afgewend. Het is voorlopig het laatste dat ze van Eddy zien in Bussum. Voordat het publiek met zijn ogen kon knipperen, was hij weer vertrokken. In z'n eerste zeven seizoenen in Nederland raffelt hij nog vier clubs af.

Kinheim, part one

Honkballiefhebber Rob Muller is op het eerste gezicht een kalme heer met donker haar en een zijscheiding. Daarachter schuilt een gewiekst zakenman met een groot honkbalhart. Muller is directeur van uitzendbureau Aktie '68 en moet er als sponsor voor zorgen dat Kinheim niet langer heen en weer pendelt tussen de eerste klasse en de hoofdklasse. De keurige, overwegend blanke, strak georganiseerde club van gegoede burgers met een enkele advocaat of notaris, moet de strijd aan met de Haarlemse concurrent, recordkampioen Nicols. Muller besluit begin jaren zeventig enkele tienduizenden guldens in zijn ploeg te steken.

Betalingen aan spelers zijn streng verboden in wat altijd een amateursport is geweest. Niet dat de regels gesjoemel bij andere clubs tegenhouden. Integendeel. Na afloop van een wedstrijd kan het gebeuren dat de penningmeester in de kleedkamer verschijnt, een goed gevulde envelop in zijn hand. Alles cash. Geen bonnetjes. De belastingdienst moet aardig wat inkomsten zijn misgelopen in die jaren. Als de poen niet voldoet, wordt er verder gerommeld. Een uitkering misschien, of een goedkope woning, desnoods een nietszeggend baantje bij een sponsor. Ondertussen wordt al dat geritsel angstvallig stilgehouden voor de leden: ze zouden eens gaan piepen als een of andere Antilliaan zomaar onder de contributieverplichting uitkomt.

Het is volstrekt duidelijk dat de lokroep van Mullers guldens een keur aan artiesten naar Haarlem trekt. En het zijn niet alleen maar honkballers. Op een zekere dag wordt televisiepersonage Sjef van Oekel gesignaleerd. Hij mag de eerste gehaktbal naar de thuisplaat gooien. En dan is er nog Pistolen Paultje, die bij wijze van openingsact op een schietschijf mag mikken. Maar het zijn toch vooral de honkballers die de meeste reuring veroorzaken.

Muller heeft zijn oog laten vallen op Lewis en Halman. Een auto met Kinheimvertegenwoordigers zou bij de poorten van het HCAW-complex zijn gesignaleerd. Bedragen van tweeduizend gulden ineens en honderdvijftig per wedstrijd zingen rond in de pers. Gevoel voor humor kan Muller niet ontzegd worden als hij in het *Haarlems Dagblad* verkondigt dat de spelers getrokken worden door 'aanpak, entourage, begeleiding en op het programma staande trainingskampen...' Het zou hun volgens Muller gaan om 'de sportieve uitdaging'. Ook veertig jaar later ontkent Muller betalingen aan spelers.

Eddy is snel om. 'Hij moest en zou bij ons spelen,' zegt Muller in het bondsblad, 'bovendien wilde hij zeer beslist niet meer bij HCAW spelen.' En waar Halman gaat, gaat Lewis. Ze lijken aan elkaar verbonden als een getrouwd stel. Eind oktober 1973 komt de transfer naar buiten. De Bussumers zijn woest en willen beide Antillianen royeren, maar trekken aan het kortste eind.

Halman is terug in Haarlem, de stad waar het avontuur begon. Bij Kinheim, een vereniging zo keurig, dat ze eerder haar eigen speler zou schorsen dan dat de bond dat zou doen. 'Ik ga de meeste homeruns slaan,' zegt Eddy als hij het knusse clubhuis met de bruine plavuizen binnenloopt. Z'n ballen landen met enige regelmaat in de tuinen van de huizen achter het buitenveld. Hij zal hier de komende jaren vaak vertrekken, maar altijd terugkeren.

1977

De dood komt soms vlug.

In juli wordt Frank Lewis uit het Nederlands team gezet. Soms komt hij te laat, soms komt hij niet.

Eind september heeft hij al een paar dagen hoofdpijn.

Op zaterdag wil hij het ziekenhuis verlaten. Dat mag niet.

Diezelfde avond is hij dood. Trombose in een bloedvat van de grote hersenen.

Midden in een succesvol seizoen moet Eddy alleen verder.

Hij lijkt ontroostbaar.

Honkbalknuppel

Eddy stapt het schemerlicht van de kleedkamer binnen. Hij is ergens halverwege honkbaltempel Yankee Stadium en de ruwe vlaktes van zijn jeugd beland, op een gemeentelijk sportpark in het land dat z'n huis zal zijn, maar nooit z'n hart zal veroveren. Z'n barse stem vult de kale ruimte. Een voor een gaat hij z'n ploeggenoten af. Ze krijgen een schouderklopje of een stevige hand. Dan kleedt

Eddy zich uit. Het is dus niet alleen z'n honkbalknuppel die veel zwaarder is dan die van de rest, denken z'n ploeggenoten. Het ding tussen zijn benen bungelt bijna op z'n schoenen. Als de mannen voor hem niet al onder de indruk waren van zijn dikke armen en brede rug, dan zijn ze het nu wel. Veertig jaar later spreken ze er nog met bewondering over. Vaak valt het woord 'beest' als iemand zijn silhouet beschrijft.

Op een goede dag kan Eddy met de besten mee. Een tikje met zijn pols had meer kracht dan de bovenarmen van een ander konden klaarspelen. Een binnenvelder uit die jaren herinnert zich dat hij Halmans ballen hoorde suizen in de lucht. Een andere mythe spreekt van een wedstrijd in Brasschaat. De bal wordt bewust buiten de slagzone gegooid. Eddy stapt opzij en slaat de bal met één hand het stadion uit. De Belgen probeerden voorzichtig te zijn. Hij had al twee homeruns geslagen die dag. Veel leek vanzelf te gaan. Van de aanwijzingen van z'n coaches leek hij zich niet veel aan te trekken. Hij pakte de knuppel, ging staan en gaf de bal een jets. Hij deed het zoals hij dacht dat het moest. Als je op het derde honk stond en de bal werd naar Eddy in het buitenveld geslagen, moest je oppassen, de bal was binnen no-time weer terug op de thuisplaat. Je kon geen risico nemen. Als een honkloper toch naar de thuisplaat werd gestuurd en uitging door Eddy's aangooi, liet hij het niet na om dat de betrokkenen na afloop in te wrijven. 'Heb je geen respect voor mijn arm?' riep Eddy dan.

Onkwetsbaar is hij niet. Na een lange middag bij Quick in Amersfoort maakt hij zich met z'n team op voor de rit terug naar Utrecht. De auto's slingeren door de villawijk rond het sportpark. Nog voor de stad uit het zicht verdwijnt, staat een auto stil. Een grote zwarte gestalte hangt met zijn handen op z'n knieën in de berm. Eddy. Wagenziek. Ach, ze zijn het wel gewend. Bij verre uitwedstrijden zit hij soms voorin. De hele weg omgedraaid op z'n stoel zodat hij niet naar de weg hoeft te kijken. Angst.

Met Eddy kon je een prachtige tijd beleven, herinneren diverse vrienden zich. Een gezellige kerel die altijd vrolijk lijkt met die grote lach op zijn gezicht. Een onuitstaanbare macho die alles beter weet en graag in het middelpunt van de belangstelling staat. 'Hard, eerlijk en lief,' noemt hij zichzelf. Hij tettert wat raak. Tegen de buitenvelders, de scheidsrechters. Een stereo-installatie die wel plaatjes draait, maar ze niet opneemt. 'Ik was een showboat,' zegt hij jaren later. Iedereen lijkt bij hem in de buurt te willen zijn als het gezellig is.

Eddy is hartelijk en joviaal, steekt z'n vrienden een hart onder de riem en overlaadt ze met zijn karakteristieke zelfvertrouwen. Als je eenmaal z'n vriend bent, lijkt hij je nooit meer te vergeten en neemt je altijd in bescherming.

De vrouwen langs de lijn, jong en oud, vallen voor zijn charmes. Hij houdt van ze, op zijn geheel eigen wijze. In het café snauwt hij ze af als ze wat verkeerds zeggen of hem niet gehoorzamen. Als het tegenzit krijgen ze een beuk.

Op een corrigerende tik van zijn eilandgenoten hoeft hij niet te rekenen: 'Wij hadden een andere mentaliteit toen,' zegt een vriend uit die tijd, 'wij waren de overheerser, de leeuw, en de vrouw was gewoon de leeuwin, die moest zich erbij neerleggen, eten halen voor ons. Wij mannen waren vroeger echt de macho's. Iemand die dan in zo'n groepje de sterkste is, of de grootste mond heeft, die krijgt bij ons Antillianen waardering. Hoe sterker je bent, hoe agressiever je bent, hoe beter je in de kring komt te staan. Dat komt van de slaven geloof ik. Zo'n slaaf die rebelleert, wordt gelijk de grootste man. Dan krijgt hij respect van de anderen. En als hij respect heeft en als hij langskomt, dan krijgt hij van iedereen een borreltje natuurlijk. Dat is de beloning.'

Terneuzen

Midden jaren zeventig verhuist Eddy even naar een flat aan de rand van Terneuzen. Hij werkt er bij Dow Chemical en woont er met zijn Antilliaanse vriendin. Hij krijgt weer een dochter, Pamela. Bij de plaatselijke vereniging, Het Zeeuwse Honk, zijn ze maar wat blij met de nieuwe aanwinst. Honkbal in Zeeuws-Vlaanderen is net zo gebruikelijk als golfen op de Zuidpool en Eddy kan de ploeg een impuls geven in de Belgische hoofdklasse. Het nogal ongeregelde zooitje – er is geen kantine of clubgebouw, spelers verschijnen voor de ene wedstrijd om voor de andere weg te blijven – kan wel een goede trainer gebruiken, een man met autoriteit als Eddy, maar hij bedankt voor de eer. 'In de eerste plaats omdat ik [...] graag thuis ben om me bezig te houden met de opvoeding van mijn kinderen,' zegt hij in de *Provinciale Zeeuwse Courant*.

Eddy is in de Belgische competitie een opvallende verschijning, een legende volgens sommigen. Na een succesvol seizoen loopt hij met zijn vriend Leo Dooms een feestzaal binnen. Dooms herinnert zich hoe enkele honderden mensen opstaan en applaudisseren voor de beste slagman van België: Eddy Halman.

Dat doen ze niet in een horecagelegenheid in Terneuzen, herinnert Eddy's vriend Dooms zich. Het is een gezellige avond. Dooms ziet hoe zijn goede vriend aan de bar met een vrouw spreekt. Plots gooit Eddy een glas drank in haar gezicht. Kennelijk is hem iets in het verkeerde keelgat geschoten. Een fluitje klinkt. Een man of zes springt boven op de grote Antilliaan. Die gaat niet neer. 'Eddy, pas op!' roept Dooms. Er vliegt een barkruk door de lucht. Op Eddy's achterhoofd vormt zich een wond van centimeters lang. De politie komt en Eddy probeert ze af te schudden alsof het vliegen zijn. In het ziekenhuis schreeuwt hij het uit als de naald door z'n hoofdhuid prikt.

Cocon

Het honkbalveld brengt rust, isoleert hem van de woelige buitenwereld in een cocon waar alleen het spel telt. Het verleden lijkt er niet te bestaan en is precies dat wat het is: verleden.

Nou ja, bijna dan. Naast z'n slagkracht heeft hij aan z'n tijd op het eiland nog iets anders overgehouden: de liefde voor drank. Hij en z'n maatje Frank Lewis leken er gek op. 'Als je op Aruba geheelonthouder bent, moet je oppassen, want voor je het weet zit je te zuipen met iedereen,' zegt de Arubaanse honkballer Humphrey Bomba. Als de anderen bier drinken, pakt Eddy een whisky. En nog een.

En nog een. Soms een beetje geholpen door een sponsor die een flesje whisky zet op een homerun. Ploeggenoten zien hem tijdens de wedstrijd met een blikje cola mét tik. Teamgenoten hebben snel door dat ze 'm beter uit de weg kunnen gaan als ze de drank in zijn adem ruiken. Je weet nooit wanneer de storm opsteekt. Eén verkeerde opmerking en hij ontploft.

Het zijn vaak de umpires die het moeten ontgelden.

'Blue, Chief. Eyes. Eeeeyyyyeeees!!! You talk bullshit. BULLLLSHIIIT. BULLLSHIIIIT,' briest Eddy dan vanuit de dug-out. Hij blaast z'n borst vol lucht als een haan bij een hanengevecht. De scheidsrechter geeft geen sjoege. Eddy stapt het veld op. 'Bullshit!! Bullshit!!!!' Een kort 'hey Eddy' is genoeg om 'm te kalmeren, hij gaat vanzelf weer terug. Ach, dat is nog onschuldig, scheidsrechters zullen z'n vrienden nooit worden, maar wat de mensen in Bussum zien als Eddy bij HCAW speelt, hebben ze nog niet eerder meegemaakt. Diverse ploeggenoten herinneren zich een degradatiewedstrijd tegen Giants uit Diemen waar Eddy zó woest op de arbitrage is, dat hij de bal vanuit het verre-veld richting een scheidsrechter in het binnenveld gooit. Hij mist. Na de wedstrijd ziet een ploeggenoot 'm naakt in de dug-out staan.

Een enkele keer is hij zo onder invloed, dat hij wordt weggestuurd nog voor de eerste bal geslagen is. Bij een honkbaltrip met Kinheim naar Duitsland verschijnt Eddy 's ochtends niet op het afgesproken tijdstip. De coach zoekt hem op en treft de slagman in bed. Z'n ogen lijken kleine steelpannetjes. Hij maakt rare bewegingen, slaat onbegrijpelijke taal uit. Eddy vertelt zijn coach dat hij in een fles zit en daaruit probeert te komen. De coach denkt dat Eddy niet alleen alcohol heeft gebruikt en laat hem achter.

Na de tweede plaats die Eddy in 1977 met Kinheim behaalt, doet de club weinig moeite om hem te behouden. Te flegmatiek, geen karakter, luidt het oordeel. Ploeggenoten zijn het zat dat hij in kennelijke staat een vangbal kan missen. 'Mensen hebben toen hard over mij geoordeeld,' zegt Eddy in 2004 tegen *de Volkskrant* over zijn drankgebruik in die jaren. 'Het was natuurlijk ook niet goed wat ik deed. Maar zo was ik eigenlijk helemaal niet. Ik ben iemand anders. Als jonge jongen kwam ik vanuit de Antillen naar Nederland. Daarginds was ik gewend om te drinken. Ik dacht dat het hier ook hoorde.'

Een enkele keer probeerde een ploeggenoot hem te stimuleren meer te doen dan loltrappen. Werk misschien? Eddy luisterde, reageerde positief.

En veranderde er wat?

'Niet noemenswaardig,' zegt z'n oud-ploeggenoot Frank Lindesey. 'Eddy ging zijn eigen gang.'

Hoogtepunt
Een ijsjesmaker zorgt voor de onverwachte doorbraak.

In 1979 heeft de Utrechtse volksclub UVV in Ola een gulle geldschieter die diverse Amerikanen en Antillianen aantrekt. Ook Eddy wordt naar sportpark Verthoren in Utrecht-West gelokt. De geur van de nabijgelegen koffiebranderij is aangenaam en met een lange klap kan hij de bal in het Amsterdam-Rijnkanaal mikken, maar hij lijkt vooral geïnteresseerd in de poen. Zelf heeft hij het over 17.000 gulden per seizoen, niemand lijkt dat te geloven, maar duidelijk is wel dat hij niet voor z'n lol uit Haarlem overkomt.

De Utrechters hebben genoeg spelers, maar weinig mensen die de bal recht over de thuisplaat kunnen gooien. Eddy wordt op de heuvel gezet en floreert in zijn duobaan van slagman én werper. Als werper heeft hij één stand: hard. En dat is genoeg. De UVV'er boekt de ene na de andere overwinning en staat en passant ook nog in de top van de homerunlijst.

De 'Utrechtse heuvelontdekking' beleeft een van zijn beste jaren ooit. Hij laat weinig punten toe, maar gooit, vaker dan zijn ploeggenoten lief is, een wilde worp of vier wijd. Als het even tegenzit, kan hij gemakkelijk z'n focus verliezen. Zijn slider – een harde bal die vlak voor de thuisplaat afbuigt – verandert dan in een ongeleid projectiel. Slagmensen staan doodsangsten uit als Eddy de slagzone mist en een bal recht op hun hoofd afvliegt. Ploeggenoten schrijven zijn werperssucces mede toe aan de Amerikaanse catcher Bill Nardi, de beste speler van de ploeg en een uitstekend kenner van het spel. Nardi houdt de tactisch minder goed onderlegde Eddy in het gareel en geeft aan welke ballen de Arubaan moet gooien. 'Het intellect zat duidelijk achter de plaat,' stelt een UVV'er uit die tijd.

Aan slag gaat Eddy vooral voor de homeruns. Wachten op vier wijdballen en de bijbehorende gratis gang naar het eerste honk is niet aan hem besteed. Met z'n slaggemiddelde van .255 is hij bij lange na niet de beste slagman van de ploeg. Z'n ongeduld wordt vooral onderstreept door het minieme aantal van drie vrije lopen in 137 slagbeurten.

Het unieke van Eddy's prestatie zit 'm vooral in de combinatie tussen goed slaan en goed gooien. De andere twee Utrechtse basisspelers die regelmatig op de heuvel klimmen, kunnen niet tippen aan Eddy's dubbeltalent. Louis Jacobs is weliswaar wat beter in het slagperk, maar staat op de heuvel veel meer punten toe en de Amerikaan Bill McGreevy is minder sterk aan slag en minder scherp op de heuvel. Het is een van de weinige jaren in Eddy's carrière dat grote verhalen over bizar gedrag op het veld, dronken nachten in de kroeg en andere gewelddadige uitspattingen ontbreken. Wat weer wat anders is, dan te zeggen dat alles van een leien dakje gaat. Als het team wint, komt dat door Eddy en als hij verliest, komt dat door het team. Aan de verplichte sprints heeft hij een hekel, het liefst rent hij zo snel mogelijk naar de kantine. Van dat kwaaltje hebben wel meer Antillianen last, maar het wordt gepikt zolang ze presteren. En wat heet. Op de training komt hij weleens te laat en bij gelegenheid zien ploeggenoten een taxi verschijnen met Eddy erin.

Hoe het ook zij: UVV doet mee in de top van de competitie en finisht op een knappe vierde plaats, op gepaste afstand van de Amsterdamse topteams Amstel Tijgers en Unique Giants.

Eddy wacht het nieuwe seizoen niet af.

Er bestaat binnen de UVV-selectie al enige tijd onvrede over de betalingen – sommige selectiespelers krijgen helemaal niets betaald en die hebben het idee dat de betaalde spelers niet beter zijn – en Eddy's houding zorgt voor extra irritatie, grofweg als volgt samengevat: 'Ik ben goed. Ik zou meer geld moeten verdienen. Ik wil meer.' Er wordt onderhandeld, maar de partijen komen er niet uit. Altijd gaat het om meer geld. Eddy vertrekt.

Bij Kinheim staan ze weer met open armen te wachten, al informeert een bestuurslid nog wel even of er geen incidenten zijn geweest. Voor slagmensen als Eddy wordt graag een oogje toegeknepen als ze buiten het veld weer eens uit de bocht vliegen.

Zwanenzang in Italië

Eddy haalt het Nederlands team voor het EK van 1979 in Triëst. Dat is niet het beste moment om internationaal te debuteren. Misschien wel het slechtste. Van de voorgaande zestien Europese titeltoernooien won Oranje er tien, maar de laatste jaren zit de klad erin. In 1973 en 1975 was Italië de baas. In Triëst is dat niet veel anders. De sluizen staan wagenwijd open. 'Geen adekwate werpers, geen goede catchers, een slecht bezet eerste honk, een falend binnenveld en vooral een falende aanval,' vat honkbaljournalist Joop Köhler het drama samen. De grootste prestatie lijkt dat er überhaupt negen man bereid zijn gevonden om deze slachtpartij te ondergaan. Het is zo'n toernooi dat zelfs het doorgaans zeer honkbalminnende en chauvinistische *Haarlems Dagblad* in een uithoekje van de krant afdoet. Eddy komt als invaller in het veld en kan het verschil niet maken.

Waar enkele andere Antillianen zullen uitgroeien tot

de beste spelers van Nederland, zakt Eddy na het succes-
jaar weg. Hij blijft de speler die in de ogen van vrienden
tot de beste ter wereld behoorde en in de ogen van kenners een talent dat nooit volgroeide.

Vader en moeder
Hij lijkt een verloren ziel soms, eeuwig op reis tussen
het land waar hij vandaan kwam en het land waar hij
naartoe ging.

Regelmatig rinkelt de telefoon in het huis aan de onverharde weg in San Nicolas, niet ver van de raffinaderij.

'Moe, hoe is het?' zegt hij dan.

'Eddy, je maakt me wakker, wat is er aan de hand?' reageert zijn moeder.

'Moe, ik ben snel thuis,' zegt haar zoon, 'ik ben snel
thuis.'

Eddy's moeder ging een weddenschap met hem aan, in
de periode dat hij naar Nederland vertrok: 'Je komt toch
terug, net als de andere keren.' Hij komt inderdaad terug.
Maar nooit voor lang. Altijd is hij onderweg, rusteloos.

'Ik ga niet naar Holland om daar te sterven,' zei hij, 'ik
wil op Aruba sterven, precies daar bij mijn moeder, mijn
Old Queen.'

Hij zocht iets, en vond het soms. De rust van een gezin, het plezier van een vrouw in de buurt. Na zijn jaren in
Terneuzen is Eddy midden jaren zeventig weer terug naar
Haarlem verhuisd en woont enige tijd in de Barteljoris-
straat in het centrum, tegenover een kroeg. Hij krijgt snel
nieuw gezelschap.

Een vrouw heeft haar zinnen gezet op de knappe Antilliaan. Het is de getalenteerde softbalster Hanny Suidgeest. Op foto's uit die jaren springt de Haarlemse lerares eruit met haar lange blonde manen en haar grote lach. Zij wordt Eddy's rots in de branding, chauffeur en politieagent. Resoluut – op een genomen besluit komt ze niet makkelijk terug – maar ook loyaal en behulpzaam. Een lief en joviaal mens dat de harten verovert van haar naasten. Ze stapt een bestuurskamer binnen als er voor Eddy over contracten onderhandeld moet worden. Als haar man weer eens te lang heeft gepimpeld, zorgt zij ervoor dat hij toch op het veld verschijnt. Het lijkt alsof ze met Eddy hetzelfde engelengeduld aan de dag legt als met de moeilijk lerende kinderen die ze lesgeeft. 'Die vrouw heeft die goede man, waar anderen hebben gezegd je bent gek, naar buiten toe een hele mooie fluwelen mantel omgehangen,' zegt een familievriend.

Vanaf midden jaren tachtig vult het geluid van brullende kinderen de kamers van een rijtjeshuis in de keurige Haarlemse Wouwermanstraat. Het ene kind is nog mooier dan het andere. Vier krijgen ze er in totaal. De middelste twee zijn jongens. Gregory (1987) en Jason (1989). Eddy straalt als hij met de ventjes op zijn arm voor de foto poseert. Alles kan op sportgebied. Naast honkbal kunnen de jongens net als hun oudste zus Naomi goed overweg met een basketbal. Naomi, een krachtige vrouw met een knap gezicht, zal later uitgroeien tot een van de beste Nederlandse speelsters. Een international en prof die zelfs mannen partij kan bieden.

Jeugdvrienden van de jongens herinneren zich een gezellig, gastvrij gezin waar je met open armen wordt ontvangen en waar niemand je lijkt te vergeten. Lachen, gieren, brullen kan je bij de Halmans. Een paar extra eters aan de dis lijkt nooit een probleem. Prachtig vinden die kinderen dat, zo'n grote zwarte vader die zijn enorme handen in de bak patat zet en ze als schep gebruikt. Wel een beetje apart dat hij 's ochtends vroeg een bacootje bestelt in de kantine, maar wat geeft het, bij de Halmans thuis kan je een mooie tijd hebben.

Als de drank in de man is, wordt het vaak een beetje minder gezellig, en toont Eddy's innerlijke woede zich aan de buitenwereld. 'Er is maar één ding dat ze hier in Nederland willen,' zegt hij tegen een vriend, 'en dat is dat ze je omlaag willen brengen.' De witte man die de zwarte wil onderdrukken. Die klote macamba's. Het is een zuigend gevoel van discriminatie dat diep in hem huist en hem nooit meer zal verlaten. Hij ziet het overal. Als de onzichtbare hand van een boze geest. Trots als hij is, is hij heel gevoelig voor kleinigheden die een ander makkelijk laat gaan. 'Arubanen zijn enorm trots en daardoor ontstaan er ook problemen in de wedstrijdsfeer, als je ze niet met respect behandelt,' zegt Gerard Stenzler, die jarenlang Antilliaanse spelers begeleidde.

De uitbarstingen op het veld zetten zich ook thuis voort. Op de honkbalclub in Haarlem zien ze de effecten van die spanningen aan de broers. Niemand is verbaasd wanneer het huwelijk stukloopt.

Hoe groter de onrust thuis, hoe meer de jongens lijken

te beseffen dat ze elkaar nodig hebben om de storm te doorstaan en hoe meer ze naar elkaar toe lijken te groeien. Samen kunnen ze zich afsluiten in een cocon waar de boze buitenwereld niet bestaat. Gregory en Jason lijken een masker van stoerheid en kracht op te zetten in een kennelijke poging niemand te laten zien wat er echt mis is. Soms verschijnen ze plots niet op de training. Vaak pikt een andere ouder de jongens op, of dient de club als vangnet. 'Honkbal was een uitlaatklep na al de rottigheid die ze hebben meegemaakt. Dan vluchtten ze naar het honkbalveld. Dat hebben ze altijd gedaan,' zegt Maxim Picauly, een jeugdvriend en ploeggenoot.

Zwerver

Een Arubaan vertelt net zo graag over de zwaktes van een eilandgenoot, als een schuinsmarcheerder zijn vrouw over z'n zonden. 'Eddy had het moeilijk,' of 'Het ging niet zo goed,' zijn eufemismen voor de felle strijd die Eddy met de drank voert. Het spul pakt 'm op en gooit hem neer. Bijna altijd is zijn lijf sterk genoeg om van de grond op te krabbelen – of anders is zijn vrouw dat wel, maar op een dag, de jongens zijn tieners, Hanny en Eddy net gescheiden, lijkt hij definitief in een diep gat gevallen. Zoals altijd, als hij in Nederland vast lijkt te zitten, keert hij terug naar het eiland dat zijn hart nooit verliet.

De zon staat al hoog aan de hemel als een man door een smal straatje in de hoerenbuurt van San Nicolas struint. Het is niet lang na de eeuwwisseling.

De man wordt geroepen. Hij kijkt op.

Op een stoepje, in de schaduw van de vale huizen, ziet hij een lange zwarte kerel, niet ouder dan een jaar of vijftig.

Een zwerver misschien. Z'n kleren zijn vies, alsof ze weken niet gewassen zijn.

De zwerver loopt op de man af.

Hij is mager. 'Weet je wie ik ben?' vraagt de zwerver.

'Ik ken je niet,' antwoordt de man. Hij kijkt nog een keer.

'Ik ben Eddy Halman,' zegt de kerel die net nog een zwerver leek. Z'n oogkassen staan hol, met dikke wallen. Drank vult zijn adem.

De klok is niet voorbij het middaguur.

De man herkent Eddy van het honkbalveld in Nederland.

'Heb je een tientje voor me?' vraagt Eddy.

De man graait naar zijn portemonnee.

Eddy slaat het aanbod voor wat eten af. Hij wil liever een slokje.

'Je moet me niet meer om een tientje vragen,' zegt de man, 'en als ik je weer zie, moet je clean zijn.'

'Is goed,' zegt Eddy.

Dat zeggen alcoholisten altijd, denkt de man.

Eddy heeft niets. Slaapt naar eigen zeggen bij z'n broer. Beweert last van een psychose te hebben. 'Ik wilde weg van de spanningen,' zegt Eddy later. 'Ik was woedend. Ik had mijzelf niet onder controle.' Het verlies van zijn gezin voelt alsof hij zijn troon kwijt is. Hij hield van zijn gezin, maar zag niet wat zijn vrouw allemaal voor hem deed of hoe de mensen om hem heen hem beschermden en hielpen.

Op een dag vertrekt hij plots weer van Aruba.

Onrust

'Mijn zoons hebben mij gered,' zegt Eddy later, 'voor hen kwam ik terug.'

De thuissituatie van de jongens wordt na de scheiding niet veel stabieler. De broers, dan net tieners, rebelleren openlijk tegen de komst van de nieuwe, veel jongere, vriend van hun moeder. Ze wonen nu eens hier, dan weer daar en lijken soms liever even niet thuis te zijn.

Gregory is agressief tegen z'n moeder. Een familie-vriend maakt zich zorgen, maar grijpt niet in. Een andere man bemoeide zich wel met de jongens; Eddy briest nog als hij er later aan terugdenkt: 'Hun leven was een hel na de scheiding.'

Eddy hoort de verhalen terwijl hij op Aruba is. 'Kom te-rug papi,' herinnert Eddy zich de woorden van zijn zoons als hij hen belt. Eddy denkt dat hij moet ingrijpen. Hij vliegt naar Nederland.

In Haarlem gaat hij naar het huis in de Kleverpark-buurt waar hij met zijn gezin woonde.

Woest gooit hij de ruiten in. Zo ging hij ooit ook te keer bij het huis van een vriendinnetje op Aruba.

Glas rinkelt.

Hanny is niet thuis.

Eddy vermoedt dat ze in het Pim Mulier Stadion is, waar Gregory als jonge tiener een wedstrijd in het eerste speelt.

Voor het stadion ziet hij Hanny's auto.

Opnieuw rinkelt er glas.

Dan stormt Eddy de tribune op.

Toeschouwers schermen Hanny af.

Een journalist ziet hoe Eddy even later geboeid in een politiebusje zit. Hij gaat wild tekeer, slaat met zijn hoofd richting het raam.

Eddy wordt die dag De Vest in Haarlem binnengeleid, het rechthoekige gebouw naast de karakteristieke koepelgevangenis. Normaal gesproken is dat de afdeling voor kinderverkrachters en andere mensen die gevaar lopen in de bajes.

'Er is een honkballer die naar je vroeg,' zegt een collega tegen Wendell Hato, die als sportbegeleider in de bajes werkt. Er is weleens een andere honkballer binnengebracht, voor drugszaken. Misschien is dat 'm, denkt Hato.

Van een afstand ziet hij Eddy staan.

'Hey Big Ed. Je hebt naar me gevraagd. Hier ben ik,' zegt de Curaçaoënaar.

Hato ziet schaamte bij zijn vriend.

'Sorry boss,' zegt Eddy.

Het is een van de weinige keren dat iemand hem sorry hoort zeggen.

'En?' vraagt Hato.

Het blijft even stil.

De mannen lopen naar de kale cel.

'Waar blijft de rust die je me zegt dat je wil hebben?' zegt de sportbegeleider.

'Het interesseert me niet wat er tussen jou en je vrouw is gebeurd,' gaat Hato verder, 'maar zorg dat jullie je kids in harmonie bij elkaar houden.'

Hato denkt aan de gemiste kansen. Hij ziet een glijdende schaal en maakt zich zorgen. Eddy lijkt te zoeken naar een onzichtbare hand die 'm beetpakt en geruststelt. Alsof iemand hem moet laten voelen dat hij niet alleen is.

De celdeur valt in het slot.

Eddy is hemelsbreed een paar kilometer verwijderd van het huis waar hij met zijn gezin woonde.

2. Talent met een krasje

De eerste handschoen van de broers volgt kort op de eerste luier. Als een teamgenoot van Eddy op bezoek is, gaan Gregory en Jason naar hem toe. Peuters zijn het nog maar. De man denkt rustig op de bank te kunnen zitten. Hij heeft het mis. Of hij een balletje wil gooien, vragen de jongens. De bezoeker kijkt verbaasd. De broers geven hem een bal. 'Gooi maar.' De man gooit. Ze meppen met hun kleine knuppeltje en rennen vervolgens naar het bankstel. Hun sprint eindigt met een sliding onder de bank.

Niet lang daarna zijn de buren in de Wouwerman-straat aan de beurt. Alles wat rond is, lijkt door de buurt te vliegen. En de Halmans maar aanbellen om hun excuses te maken. 'Wij stopten voor niks,' zegt Gregory. 'Toen brak de schuifpui. Ja, daar was m'n vader niet blij mee. Wij wilden gewoon slaan en de hele dag honkballen. Dat is het enige waar wij liefde voor hadden, ik en mijn broertje. Elke dag, elke dag.' De rest van de wereld lijkt er niet toe te doen.

Thuis verzamelen ze plaatjes van hun honkbalhelden in dikke mappen. Andruw Jones. Ken Griffey Junior. Aan de muren van hun kamers hangen puntvormige vanen van profclubs. 'Of het nu van de Yankees was of van Boston, dat maakte geen reet uit, als het maar honkbal was,' zegt jeugdvriend Vincent Greeff. Ze imiteren de bewegingen van Amerikaanse sterren en dragen hun kleren net zo. Samen zitten de broers in 1996 voor de buis gekluisterd als Andruw Jones twee homeruns slaat in de World Series. Negentien jaar is de Curaçaoënaar van de Atlanta Braves nog maar. Dat willen de jongens later ook.

Zodra het ook maar even kan rennen ze door het smalle halletje naar de voordeur, de straat met de nette huizen in. Met een minuut of tien zijn ze bij Kinheim aan het Badmintonpad. Achter hen raast een trein voorbij, in de verte zien ze de huizen waar hun vader de ballen in de tuinen sloeg. Zelf slaan ze de ballen tot op de treinrails naast het hoofdveld. Soms moet een wedstrijd van het eerste team worden onderbroken omdat de broers een bal op het hoofdveld slaan. De kinderen moesten van veld wisselen. De kans op een homerun die een kind raakte, was te groot. Toeschouwers kijken met open mond toe. 'Bizar voor een twaalfjarige, hij sloeg verder dan veel volwassenen,' zegt ploeggenoot Tom Stuifbergen over Gregory. Twee jaar later kan Jason hetzelfde.

Duracellkonijnen

Op alle foto's uit hun jeugdjaren steken ze vaak boven de andere jochies uit als twee krokussen boven het voorjaarsgras. Het lijken wel broekjes, die andere kereltjes, vergeleken met de soepele broers. Ze zijn sterker en talentvoller dan de jongetjes om hen heen.

Honkbalcoaches zien de grappige ventjes met hun aanstekelijke lach graag komen. 'Waarom dan?' zeurt een kind tijdens de honkbaltraining. 'Ik vind het saai,' blèrt een ander. De jongens van Halman hoor je dat nooit zeggen. Ze blijven maar gaan. Als Duracellkonijnen waarvan de batterij nooit opraakt.

Ze zijn al snel serieus met hun sport bezig, willen vechten om te winnen en moeten bijna huilen als ze verliezen. 'Dit is onsportief,' roept Gregory fel als hij een misstand ziet op het veld. Er komt stoom uit z'n oren. Onrechtvaardigheid kan hij, net als zijn vader, niet verdragen. Het spel helpt Gregory. 'Hoe meer wedstrijden we gingen spelen, hoe minder agressief hij werd,' zegt Tony Rombley, de jeugdcoach.

'Jason was stiller, bijna verlegen,' zegt een tante. Gregory omhelst je, flirt met de meisjes in de straat, probeert indruk op ze te maken, terwijl zijn broertje Jason zich afzijdig houdt. Gregory is ook ondeugender. Tijdens een jeugdwedstrijd joelt Gregory naar een ploeggenoot dat hij met z'n handen tussen z'n benen over de honken moet lopen. De jongen gehoorzaamt en wordt gewisseld. Als de andere kinderen bij een jeugdkamp al lang op bed liggen, maakt Gregory de binnenstad van Haarlem onveilig.

Nooit zijn de broers ver bij elkaar uit de buurt. 'Het leek wel of ze verbonden waren met een ketting,' zegt Vincent Greeff. Op een van de foto's uit hun vroege jeugd ligt Gregory, een kleuter met een volle bos kroeshaar, achterover. Hij houdt Jason, dan nog een kale baby, dicht tegen zijn borst.

'Jason was de stille Willy,' zegt coach Tony Rombley, 'Greg was de leider. Hij gaf aanwijzingen, praatte veel meer. Jason was echt een honkballer die z'n mond dichthield en gewoon dééd. Ik heb altijd gedacht dat Jason de Major League eerder zou halen dan Gregory omdat Jason rustiger was.'

Jason lijkt meer op z'n gemak met z'n broer in de buurt. Een ploeggenoot uit die tijd noemt Gregory Jasons beschermengel.

'Greg was ouder en daar moest Jason maar naar luisteren, klaar,' zegt Maxim Picauly, de jeugdvriend. 'Als Jason zich verzette, dan hup, kreeg hij gewoon een hoek, pakte Greg 'm even aan, zoals boys dat doen. Twee uur later liepen ze weer naast elkaar.'

Opvoeding

Op het veld creëren Eddy, Gregory en Jason hun eigen veilige wereld. Eentje waar plezier, liefde en hoop hand in hand gaan.

Eddy staat uren met zijn zoons op het veld, gooit extra ballen naar ze, zowel op een doordeweekse dag als nog lang na een wedstrijd. De mannetjes willen altijd meer en hij is bereid ze dat te geven.

Soms laat Eddy een training of toernooi onverwacht schieten. Snippers van het waarom sijpelen in de kleine honkbalwereld snel door op de velden: problemen, drank. Tijdens een jeugdtoernooi in Italië knijpt hij er met een andere vader even tussenuit. Die vader scoort een krantje. Eddy wat sterkers.

Jason en Gregory zijn moeilijk te corrigeren, zien diverse bekenden. 'Raak mijn jongens niet aan, of ik raak jou aan,' dat gevoel krijgen anderen van Eddy. 'They are warriors,' zegt Eddy tegen een vriend, 'they got to survive. I tell them. I teach them: it is war.'

Eddy benadrukt dat zijn jongens zich goed moeten gedragen, zeggen sommigen, maar hij legt ze ook veel druk op, zeggen anderen.

'I told you,' schalt over de tribunes als Gregory en Jason naar zijn zin te nonchalant in het slagperk staan en de bal niet kapotslaan, zoals hij het graag ziet. 'How can you miss that pitch?'

Hij duldt weinig tegenspraak en leert z'n jongens om nergens omheen te draaien. Zijn leermethodes zijn die van het eiland, waar hij de jongens soms ook mee naartoe neemt, waar ze de taal leren spreken en de cultuur leren kennen. Het maakt dat ze een beetje tussen twee culturen komen te zweven: halverwege de degelijke Hollandse opvoeding van hun moeder en de impulsievere, autoritairdere Arubaanse stijl van hun vader.

'I don't take no shit,' zegt Eddy tegen vrienden, 'they gonna have respect.'

Greg haalt het een keer in zijn hoofd om een middelvinger op te steken naar zijn vader. Verstopt, met een vinger uitgestrekt langs de knuppel, maar Eddy ziet het. Wacht maar, ik krijg je nog wel, denkt hij. Thuis volgen een paar rake tikken.

Als de jongens niet uit bed komen, loopt pa naar de keuken en vult een emmer met water. De jongens springen vloekend op. Zeiknat. 'Ik had je toch gewaarschuwd!' roept pa. Ze protesteren niet meer.

'Het was tough love,' zegt Gregory in 2011 over de relatie met zijn vader. 'Mijn vader heeft ons opgevoed als mannen. Weet wat je moet doen in het leven. Ga voor dingen. Sta als een man sterk in je schoenen. Als wij hem respecteerden en deden wat we moesten doen, dan konden we onze gang gaan. Als mijn vader er niet was geweest, was ik nooit geworden wie ik nu ben.'

De liefde van Greg voor zijn vader lijkt diep geworteld te zitten in het atletisch talent van beide mannen. Twee sporters die precies van elkaar begrijpen wat de liefde voor het honkbal betekent.

Met zijn moeder heeft Gregory als tiener een moeizamere relatie. Jaren later, als hij lang en breed prof is in Amerika, lijkt Greg door te hebben wat zijn moeder voor hem heeft gedaan en gelaten, luistert hij naar haar advies en spreekt hij ook liefdevol over haar. 'Mijn vader was mijn eerste grote voorbeeld,' zegt Gregory in 2011, 'hij heeft me alles geleerd toen ik jong was. M'n vader gaf ons de liefde voor het spel, maar m'n moeder was er iedere dag bij. Ze bracht ons naar iedere training, keek iedere wedstrijd. M'n moeder is m'n grootste fan. Ze is heel trots op mij en ik op haar. Ze is er altijd voor ons geweest. Ik moest als kind altijd van iedereen horen hoe goed mijn vader sloeg en hoe hard hij kon gooien. Dat maakte mij trots en motiveerde mij om beter te worden dan mijn vader.'

Op hun beurt letten de jongens weer een beetje op Eddy. Pakken z'n bierglas weg als hij niet kijkt, roepen dat hij niet moet drinken. Als hij dat wel doet, krijgen ze ruzie.

Het liefst is Eddy met zijn jongens op het honkbalveld.

Hij lijkt nog groter te worden als hij ze over de honken ziet rennen. Altijd praat hij met plezier en trots over hun prestaties.

'Die jongens waren twee handen op één buik met hun vader,' zegt jeugdvriend Vincent Greeff, 'ze waren altijd bezig met hun vader, tot de relatie tussen Eddy en Hanny werd verbroken. Toen werd het iets minder.'

Weg

Als de jongens nog kleine pupillen zijn, stappen ze de wereld van hun dromen binnen. Op de Amerikaanse legerbasis in het Duitse Ramstein spelen ze een internationaal jeugdtoernooi. Het is een *American Dream:* ze hebben het er vaak over, hoe ze een ster in Amerika willen worden, hoe ze op de recordlijsten willen prijken.

Alles op de legerbasis ademt Amerika. Overnachten in een Amerikaans gastgezin. Spelen op keurig gemaaide velden. Kilozakken zonnebloempitten eten. Met de Nederlandse vlag het veld op bij het begin van de wedstrijd. *Baseball as a way of life.* De jongens winnen het toernooi met hun team, haast vanzelfsprekend. Als een werper het in zijn hoofd haalt om expres vier wijd te gooien, stapt Gregory opzij en ramt de bal alsnog over de hekken. Net als zijn vader. Zelfs vanaf zijn zwakke linkerkant slaat Gregory de ballen uit het veld.

De eerste rafelrandjes in hun karakter tonen zich aan een groter publiek. 'Jason kon zich ook goed uiten (met een grote bek) als iemand een fout maakte, waardoor je toch het gevoel kreeg dat je geen fout durfde te maken,' zegt jeugdploeggenoot Rein Ridder. 'Af en toe waren het vervelende ventjes omdat ze van zichzelf wisten dat ze heel goed waren,' zegt Vincent Greeff, 'dan gingen ze de andere jongens in het team een beetje lopen sarren.' Hun strenge coach Kinge Bouma houdt de mannetjes aardig in het gareel, zo herinneren diverse ploeggenoten zich.

Als iemand een verkeerde opmerking over ze maakt, staan de jonge macho's voor z'n neus om verhaal te halen. 'Als ze jou kenden en ze mochten je, dan waren het prima gasten. Als je ze tegen had, had je wel een probleem,' zegt Tim Beeren, schoolgenoot op het Haarlemse Mendelcollege, waar Gregory het VMBO volgt en Jason later de Havo. Een klasgenoot van Jason herinnert zich hoe hij door Gregory in de prullenbak werd gezet en hoe Jason brugklassers in de pauze opsloot op het toilet. 'Jason nam het gedrag van zijn broer over. Ze hadden schijt aan alles, voelden zich boven de regels verheven,' zegt de jongen, 'ik denk dat zelfs leraren bang voor hen waren.'

Tijdens de gymlessen zijn het populaire teamgenoten, al roept een leraar Gregory op enig moment tot de orde: hij maakt de softballen zoek met zijn verre klappen en mag even niet meer meedoen.

Maar Gregory kan er niet mee zitten. Hij wil toch zo snel mogelijk weg uit Nederland.

Tijdens een vakantiereis naar New York ziet hij Yankee Stadium. Hij wil dat zijn moeder Engels tegen 'm spreekt op straat, zodat niemand ziet dat hij een toerist is. Gregory lijkt er dan al van overtuigd ooit zelf in The Big Apple te spelen. Hij is dan dertien jaar.

Van de hobbels die op de weg naar het beloofde land liggen, weet hij nog niets.

De dode haan

Het Europees kampioenschap voor aspiranten in de zomer van 2002 moet een groot feest worden. Nederland is favoriet voor de titel, speelt in eigen land (Rosmalen) en beschikt over een van de beste generaties in jaren. Meerdere spelers van het team zullen uitgroeien tot international of prof. Gregory en Jason maken sinds enkele jaren deel uit van de nationale jeugdselecties en zijn daaruit niet meer weg te denken. Gregory is de absolute vedette van de ploeg – alhoewel hij niet de beste slagman van het toernooi wordt – en lijkt te weten dat hij het veel verder gaat schoppen dan de anderen. Hij straalt net als meerdere andere spelers een soort sportieve arrogantie uit en lijkt niet altijd open te staan voor commentaar van anderen.

Zoals vaak in de jeugdselecties is broer Jason niet ver weg. Die heeft ook een boel talent, maar lijkt tegen zijn broer op te boksen, alsof hij per se uit zijn schaduw wil stappen en wil bewijzen dat hij niet slechts het kleine broertje is. De coaches hebben de twee krachtpatsertjes er graag bij.

Oranje is niet te stoppen in Rosmalen. 23-0, 31-0, 17-1, 22-0, 19-5. Het lijkt wel korfbal. Na weer een overwinning worden de jonge honkballers even vrijgelaten door de coaches. Van deze tieners is buiten wat jongensachtig kattenkwaad geen ellende te verwachten. Daarbij hoeven ze slechts een paar honderd meter te lopen naar hun slaapverblijf.

De jongens lopen door de ijzeren toegangspoort van het honkbalterrein en slaan linksaf, op een door eikenbomen omzoomde asfaltweg. Een paar honderd meter verder komen ze aan op het terrein van psychiatrische instelling Coudewater, waar ook hun slaapvertrekken zijn. De spelertjes hangen een beetje rond. Ze vervelen zich. Bij de boerderij op het complex lopen dieren, waaronder kippen en hanen: verzorgdieren voor de patiënten van Coudewater. Naar verluidt zijn de bewoners erg aan de beesten gehecht.

Een coach zou hebben gezegd dat hij last had van een kraaiende haan, en of iemand daar niet wat aan kon doen. Dat laten de jongens zich geen twee keer zeggen. Ze hollen achter het beest aan en pakken wat steentjes op.

'We verveelden ons zo,' zegt Gregory later haast schuchter tegen de NOS, 'voor we het wisten was die kip dood. Het is niet leuk dat het is gebeurd, maar op dat moment waren ik en de jongens ons er niet echt van bewust dat we die kip hadden gedood.' Volgens diverse ooggetuigen was het slachtoffer overigens een haan. Als klap op de vuurpijl roven de jongens ook nog enkele portemonnees en discmans van onder andere Zwitserse honkballers.

Wie wat heeft gedaan, wordt niet helemaal duidelijk. Weinig spelers willen namen noemen, misschien uit angst voor represailles, denkt een van de coaches. Degenen die wel spreken, wijzen naar elkaar. 'Ik ben er eerlijk voor uitgekomen wat er is gebeurd, andere jongens niet. Die hebben naar mij gewezen om hun eigen hachje te redden. Dat vind ik zwak van die jongens, van wie ik dacht dat het mijn vrienden waren,' zegt Gregory tegen het *Haarlems Dagblad.*

Als de coaches de spelers sommeren om hun tassen om te keren liggen er – als ze even niet opletten – allemaal portemonnees op een stapelbed. Niemand weet waar die opeens vandaan komen. Eén ding lijkt wel vast te staan: de ster van de ploeg wordt als hoofdschuldige gezien, en zijn broertje als partner in crime. Het verhaal van de dode haan gaat als een lopend vuurtje door Rosmalen. De aanwezige honkbalofficials weten niet goed wat ze moeten doen. Wel aangifte? Geen aangifte? Het team schorsen?

De sfeer is gespannen en in allerijl wordt Jan Esselman – een official van de Europese bond met het kalme voorkomen van een notaris en de zalvende stem van een dominee – opgeroepen om de boel te sussen. Het Zwitserse team wordt overgehaald om geen aangifte van diefstal te doen. Esselman treft de manager van Oranje in emotionele staat aan. De man lijkt onvermurwbaar en wil het team uit het toernooi halen. Na enige diplomatie wordt de situatie in der minne geschikt. Althans, de coaches sturen ongeveer de helft van de selectie naar huis zodat er maar net genoeg spelers over zijn om de finale te spelen. Die wint Nederland ook op halve kracht met gemak.

'Als het mijn zoon was geweest, had ik zijn handschoen in de open haard gegooid en hem verboden ooit nog te honkballen,' zegt manager Guus van Dee tegen het *Haarlems Dagblad,* 'maar blijkbaar denken andere ouders daar anders over. Het gedrag kwam volgens mij voort uit heldenverering die altijd rond jongens als Gregory Halman heeft plaatsgevonden. Ze zijn altijd de beste geweest, zijn altijd de hemel in geprezen. Daardoor hebben ze zich alles kunnen permitteren. Op basis van hun honkbalcapaciteiten zijn hun slechtere kanten met de mantel der liefde bedekt.'

'Het waren tot dan toe vrolijke, beste jongens die hartstikke goed konden honkballen, ze waren sterker dan de rest,' zegt daarentegen Jos Kervers, een van de coaches op het EK. 'Tot dat toernooi viel er niets op ze aan te merken.'

Na het incident zijn de meningen rond de broers definitief verdeeld. Sommigen denken dat ze ten onrechte als vervelende mannetjes worden gezien, terwijl ze niet meer dan wat kwajongensstreken leveren. Anderen denken dat de broers tekenen van moreel verval laten zien en een veel hardere aanpak verdienen dan ze nu krijgen.

Grijs lijkt op dit gebied niet te bestaan.

You're with them.

You're against them.

Hoe het ook zij, de heisa heeft zo'n indruk gemaakt dat meer dan tien jaar later sommigen er nog steeds niet over willen praten. Een Nederlandse coach is na het incident zo boos op het in zijn ogen te slappe optreden van de honkbalbond – lange schorsingen blijven uit – dat hij z'n honkbalpak aan de wilgen hangt.

'We hebben ons erg misdragen en ik heb er ook veel spijt van,' zegt Gregory een paar jaar na het incident tegen de NOS. 'Ik probeer er nu eigenlijk niet meer aan te denken.' Hij klinkt meer als een onschuldig veulen dat per ongeluk tegen een hek stoot dan als een crimineel in wording. Hij is dan nog maar 14 jaar oud.

'Iedereen maakt fouten,' zegt vader Eddy tegen de NOS, 'dat moet niet om Greg zijn nek hangen want iedereen heeft recht in de maatschappij om een kans te krijgen om te bewijzen wie hij is.'

De honkbalbond wil Gregory als vermeend hoofddader hard aanpakken en maandenlang schorsen. Daarmee komt z'n debuut in de hoofdklasse in gevaar. Gerard Stenzler, Kinheims coach, doet een goed woordje voor de jongen bij de honkbalbond in een poging de straf ongedaan te maken.

'Dat ging niet makkelijk. Hij had toch al een week of zeven schorsing uitgezeten voor zijn straf werd omgezet in een voorwaardelijke straf,' zegt Stenzler. 'Het was terecht dat die jongen gestraft werd, maar om het direct zo ernstig te doen, dat was ook wat overtrokken. Ik wil ook wel graag horen wat de achtergrond van zo'n jongen is als hij zoiets doet. Dan blijkt het eigenlijk gewoon een kwajongensstreek te zijn, wat in die landen eigenlijk heel normaal is. Ze gooien in het Caribisch gebied ook met stenen naar bomen waar vogels en dieren in zitten.'

Stenzler weet Halmans straf om te zetten in een voorwaardelijke schorsing.

Gregory is klaar voor zijn debuut in de hoofdklasse.

Hoofdklasse

'Vijftienjarige Halman zorgt voor sensatie in EC honkbal', kopt het *Haarlems Dagblad* eind juni 2003 op de voorpagina. Gregory slaat een grand slam homerun tijdens het Europa Cuptoernooi in Spanje. Ongekend voor een 15-jarige die pas enkele maanden bij de ploeg zit. Gregory mag weggestuurd zijn bij het Nederlands jeugdteam, maar dat weerhoudt hem er niet van om nu al de sterren van de hemel te spelen op het eerste honk in de hoofdklasse.

Halman wordt het nieuwe troetelkind van de Haarlemse sportpers, zo lijkt het. Snel, brutaal, opwindend. Weer eens wat anders dan de eeuwige Haarlemse verhalen over judoclub Kenamju en de familie Van der Geest of de brave borsten van hockeyclub Bloemendaal. Gregory Halman stelt zijn bewonderaars niet teleur. Hij zal de voorpagina van het *Haarlems Dagblad* de komende jaren diverse malen sieren.

Als z'n ploeggenoten zich de ochtend na een wedstrijd bij hun baas melden, kruipt Gregory in de schoolbanken voor een proefwerk. Dat is ook het enige dat hem als kind onderscheidt. Op het veld begint hij een beetje stroef, een minpuntje dat hij makkelijk en kalm lijkt op te vangen. Al snel gaat hij de ballen van de werpers beter lezen en is hij de volwassenen ruim de baas, alsof hij geen tiener maar een dertiger is, als een honkballende Clarence Seedorf. Hij straalt iets stoers uit, blaakt van het zelfvertrouwen, alsof hij roept: 'Dit ben ik, kom maar op.' Niet iedereen kan makkelijk hoogte krijgen van de jongen die zich lijkt te verschuilen achter een dik masker. Op een trainingskamp in Florida ziet zijn coach, Dave Daniels, hoe de 15-jarige volwassen vrouwen om z'n vinger windt in een lokale discotheek.

Een jaar na zijn debuut is hij de meest waardevolle speler van de Nederlandse competitie. Een titel die hemzelf overigens allerminst verbaast. Op een haar na mist hij de *Triple Crown* voor de speler met het beste slaggemiddelde,

de meeste homeruns en de meeste binnen geslagen punten. 'Je wist niet welke ballen je moest vragen als die go-
zer sloeg,' zegt catcher Maikel Benner, die tegen Gregory
speelde, 'hij raakte gewoon alles zo verschrikkelijk hard.'

Ook de landelijke pers wordt wakker. In mei 2004
stuurt de NOS radioverslaggever Steven Dalebout naar
Haarlem. 'Honkbal is eigenlijk mijn alles,' zegt Gregory,
'verder bestaat er niet zoveel meer voor mij.'

'Waar ligt je toekomst?' vraagt Dalebout aan de 16-jarige.

'Ik denk en hoop in Amerika,' antwoordt Gregory,
'daar wil ik het zo ver mogelijk schoppen als ik kan en zo
hard mogelijk werken als ik kan. Zo veel mogelijk m'n
best doen.'

'Ja.'

'Dat eigenlijk.'

'Amerika ja.'

'Dat was mijn droom,' zegt vader Eddy tegen de NOS,
'dat was mijn droom, hij maakt mijn droom in vervulling.'

Net als voor z'n vader, biedt honkbal Gregory de beste
kans in het leven. School en leren hebben 'm nooit geboeid.
Hij haalt zijn VMBO-diploma, maar zonder veel plezier. Jaren later vertelt hij met een lach op zijn gezicht hoe hij de
basisschool ontvluchtte. Hij had gehuild die dag en vroeg
om naar de wc te gaan. Als een gevangene die wacht tot
het moment dat de bewakers niet opletten, gluurde Greg
Halman door de gangen. De kralenketting die je nodig
hebt om naar de wc te mogen, bungelde om zijn nek. Alle
deuren stonden open, geen juf te bekennen. Het was tijd
om te gaan. Hij sprintte door de open voordeur, over het

schoolplein, de vrijheid tegemoet. Hij rende naar de school waar zijn moeder lerares was, verderop in Haarlem. Vader Eddy kon niet om het voorval lachen: 'Ik heb zijn sokken uitgetrokken en hem ferme tikken op de zolen van z'n voeten gegeven. Daarna liep hij nooit meer weg.'

Cel

Gregory maakt zich net als zijn vader toch wel zorgen over z'n toekomst. De gestenigde haan is niet de enige smet op zijn blazoen. Samen met zijn broer heeft hij inmiddels een twijfelachtige reputatie opgebouwd waar ze bij de keurige club Kinheim mee worstelen. Als er problemen zijn, slaan ze dreigende taal uit. Als het daarbij blijft tenminste.

In een sportschool in Haarlem slaat Gregory als tiener een volwassen man neer. In een trein kijkt een jongen te lang naar Gregory's vriendin. Gregory haalt uit. 'Dat kan gebeuren. Dat is normaal,' zegt Eddy als hij terugdenkt aan het incident. De jongen belandt volgens Gregory's coach Dave Daniels in het ziekenhuis met schade aan zijn kaak en stevige kneuzingen. 'Die was er aardig slecht aan toe,' zegt Daniels. Gregory eindigt in de cel. De verhalen zoemen rond op de Nederlandse honkbalvelden en maken dat anderen wel uitkijken om de jongens te veel tegen de haren in te strijken. 'Once you get a Halman started, it is hard to stop a Halman,' zegt Dave Daniels, 'dat komt van de vader, de opa, het gaat er dan om je eigen terrein te verdedigen.'

Als Gregory weer eens in de problemen komt en een

klap uitdeelt, grijpt Jason in. De jongste van de broers zegt even later dat hij uithaalde. Niet Gregory, maar Jason wordt door de politie als schuldige gezien.

Gregory houdt er wel een stoere bijnaam aan over. 'G Baby,' noemt zijn coach hem in het vervolg. G staat voor Gangster.

Gregory had geen slechter moment voor zijn misstap kunnen verzinnen. Juist nu komen de honkbalscouts uit Amerika naar Nederland, een land dat ze meestal links laten liggen. Het Europese honkbal wordt steeds sterker en het is er prettig werken voor de scouts. Je kunt er nog gewoon met ouders onderhandelen, wat ze liever doen dan met die gehaaide spelersmakelaars die om hoge bonussen zeuren. Er is hier wat minder concurrentie dan in honkbaldomeinen als de Dominicaanse Republiek, Venezuela en Amerika. Daarbij zijn de Nederlandse honkballers groot en sterk. Misschien zit er wel een koopje tussen.

De Minnesota Twins zetten stevig in op de Europese markt. Een paar jaar eerder legden ze de Nederlandse werper Alexander Smit vast. Ze staan bekend als een team dat buiten het veld goede scholing voor hun spelers regelt. Gregory Halman moet hun volgende speeltje worden. Moeder Hanny hapt en tekent eind 2003 voor haar zoon een contract met de Twins voor tienduizenden dollars. Zo kan de jongen zo snel mogelijk het land uit. Het bedrag is een schijntje voor de club die in een miljardenindustrie opereert.

Maar nog voordat Gregory één stap in Amerika heeft gezet is er al heibel.

'Honkbaltalent Gregory Halman wil af van Amerikaans profcontract', kopt het *Haarlems Dagblad* begin april 2004 op de voorpagina. De Twins zouden details uit het contract hebben gelaten om die later zelf in te kunnen vullen en de Halmans zouden onder druk zijn gezet om snel te tekenen. Het belooft een ongelijke strijd te worden: de Halmans tegen de vertegenwoordigers van Major League Baseball.

Soms heb je een vriend nodig.

Vriend

Dave Daniels is begin jaren tachtig min of meer toevallig in Nederland beland. De Amerikaan speelt in Italië als zijn verloofde omkomt bij een vliegtuigcrash. Hij wil terug naar zijn thuisstaat New Jersey als een Nederlandse honkballer hem vraagt om bij Nicols in Haarlem te komen spelen. Zo komt hij op een Nederlands veld terecht. Daar raakt een bal hem hard op zijn borst. Daniels voelt hoe de lucht uit zijn longen wordt gedrukt en valt achterover op het gravel. Hij hapt naar adem, staat op, klopt het vuil van zijn tenue en neemt zijn plek bij het tweede honk in.

Even verderop is Eddy Halman veilig op het eerste honk. 'Daniels! Daniels!' Dave Daniels kijkt naar het eerste honk en ziet een man met gigantische onderarmen. Hij kijkt nog een keer. 'Ik kom eraan Daniels, ik kom eraan!' roept de man. Daniels kijkt naar de thuisplaat. De werper gooit. Eddy Halman start een sprint naar het tweede honk. De catcher gooit een strakke bal naar Daniels. In zijn ooghoek ziet de Amerikaan een paar gigantische spikes op zich af komen, klaar om 'm als een stuk vlees aan een spies te rijgen. Daniels vangt de bal en drukt de spikes met zijn handschoen weg. Eddy Halman is uit.

'What the fuck was dat?' roept Daniels verontwaardigd naar de man.

'Ik heb het je gezegd Daniels, ik kwam eraan,' antwoordt Eddy Halman, 'maar je hebt me te pakken. Je hebt me te pakken.'

I love this guy, denkt Daniels. Ze jennen elkaar tussen de innings, *trash talk*. 'Na die wedstrijd werden we goede vrienden,' zegt de Amerikaan, 'want ik hou van kerels die je uitdagen.' Ze worden verbonden door een sterke wil om te winnen en hun liefde voor het honkbal. Geen van beide mannen weet dan nog wat ze later aan elkaar zullen hebben.

Strijd

'Greg is absoluut niet gelijkwaardig behandeld ten opzichte van honkballers die net zo veel talent hebben als hij,' klaagt Dave Daniels tegen het *Haarlems Dagblad* naar aanleiding van het contract met de Minnesota Twins, 'dat riekt naar discriminatie.'

Hij is inmiddels de coach van Kinheim en een soort zaakwaarnemer voor Gregory.

De werkelijkheid is anders.

Eddy heeft hoogte gekregen van het contract dat Hanny eind 2003 heeft gesloten en is woest. Hij vindt het een shit contract omdat hij denkt dat zijn zoon elders meer geld kan krijgen. Daarbij heeft hij óók zeggenschap over de kinderen. Eddy betwist de rechtsgeldigheid van de overeenkomst. Hanny had in zijn ogen niet alleen mogen handelen en haar handtekening onder de overeenkomst met de Twins mogen zetten. Eddy chartert zijn vriend Daniels om de situatie op te lossen.

Die onderhandelt maandenlang met de Twins en Major League Baseball over een oplossing. 'Uiteindelijk zijn de Twins ook bereid, om uhhh, of al langer bereid, maar eehhh, dan is dit afgehandeld, tot ieders tevredenheid, ook van de Twins,' zegt moeder Hanny tegen de NOS, 'zoals het op die manier toen gegaan is, was niet juist.'

Een scout van de Twins laat een kennis weten dat hij niets meer met de Halmans te maken wil hebben. Naar buiten toe wordt gezegd dat het contract in goed overleg is ontbonden en achter de schermen woedt een hevige strijd die geheim moet blijven.

Eddy wil Greg zo snel mogelijk het land uit hebben omdat hij vreest dat Greg nog meer problemen zal krijgen als hij blijft. Daarbij komt de financiële meevaller van een grote tekenbonus hem niet slecht uit.

Intussen bidt hij dagelijks tot God om te vragen of zijn zoon gezond mag blijven en een nieuwe kans krijgt. God – hem van jongs af aan meegegeven door bezoeken aan de kerk in de buurt van zijn ouderlijk huis – geeft Eddy Halman houvast in een onbegrijpelijke wereld. Hoe groot de chaos ook is, God biedt hoop, lijkt de gedachte.

Daniels dreigt Major League Baseball naar eigen zeggen met een rechtszaak om een schadevergoeding. 'Dat zou om miljoenen dollars gaan,' zegt de coach, 'maar als we dat door hadden gezet, werd ons beloofd dat hij nooit een kans zou hebben om in Amerika te spelen. Dat betekent dat hij waarschijnlijk zou worden gechanteerd.'

Het contract wordt ontbonden. Gregory kan een andere club uitzoeken.

Jaren later herinnert Daniels zich hoe hij Gregory voorbereidt op wat komen gaat. Scouts zullen vragen stellen om zijn karakter te testen.

Je bent nog jong. Denk je dat je mentaal klaar bent voor Amerika?

Als je geen honkballer zou zijn, wat zou je dan doen?

'Als ze je vragen wat je wilt worden als je geen honkballer wordt, zeg je: politieman,' adviseert Daniels.

Hanny zei eerder dat acht clubs interesse hadden. Nu vallen meerdere clubs af. De vraagprijs is hoog en de naam Halman besmet.

Een scout vraagt wat Gregory wil worden.

'Politieagent,' herinnert Daniels zich het antwoord.

Daniels kan zijn lachen net inhouden: 'De scouts waren erg onder de indruk.'

De Seattle Mariners kennen de verhalen, maar wat moeten ze daar precies van geloven? En, bovendien, met zo veel talent durven ze wel een gokje te wagen. Ze bieden het meest. Hoeveel is niet helemaal duidelijk. De direct betrokkenen lijken in ieder interview een ander bedrag te noemen. Soms 1,5 ton, soms bijna drie ton. Duidelijk is wel dat de familiefinanciën er flink op vooruitgaan met de deal.

Daniels was er veel aan gelegen om Gregory voor meer dan een ton vast te leggen: 'Met zes cijfers word je een investering; ben je dat niet, dan kun je ondanks een zevenjarig contract na twee jaar naar huis gestuurd worden. Als je een investering bent, zal de club met je blijven werken, je speciale training geven om ervoor te zorgen dat ze rendement uit hun investering halen.' Zelfs een rijke honkbalclub gooit niet graag meer dan een ton bij het grofvuil.

In de pers heeft Gregory het over een droom die uitkomt en dat hij niet kan wachten tot het avontuur begint. Buiten het zicht van de pers is hij gespannen.

'Hij was erg bezorgd, erg nerveus,' zegt Daniels over Gregory, 'we hadden makkelijk meer geld kunnen krijgen als we het nog wat langer hadden volgehouden, maar Greg wilde heel graag vertrekken. "Dat is prima," zei hij tegen mij, "je hebt je zes cijfers, je moet me hier nu echt weghalen."'

In juni tekent Halman zijn contract in de bowlingbaan tegenover het Pim Mulier Stadion. De Nederlandse sportpers schrijft over een zesjarige overeenkomst en doet dat met enige verbazing, maar die lengte is normaal in het Amerikaanse honkbal: vaak hebben jonge spelers zes jaar of meer nodig eer ze klaar zijn voor het hoogste niveau. Eddy denkt overigens dat z'n zoon binnen vier jaar het hoogste niveau zal halen.

Nog voor de play-offs met Kinheim zijn afgelopen, verlaat Gregory Nederland. Net nu Kinheim voor het eerst in jaren de titel kan grijpen. De club voelt zich in de steek gelaten. Vader Eddy kan het weinig schelen. 'Greg kruipt door het oog van de naald naar Amerika,' zegt hij. 'Als Greg niet in Amerika was geweest, had hij nu in de gevangenis gezeten. Amerika heeft hem gered.'

3. Life in de Minors

Op de foto lijkt de wereld perfect. Samen met zijn moeder en zussen zit Gregory op een bankje, kort voor vertrek naar Amerika. Hij lacht. Zij lachen ook. Het is begin 2005, Neerlands 17-jarige rijzende ster is op weg naar z'n eerste *Spring Training* in Arizona. Daar bereiden de Mariners zich voor op het komende seizoen. Tussen de cactussen is hij een van de grote talenten, maar vooral een ruwe diamant die geslepen moet worden. De Mariners verplaatsen hem van het eerste honk naar het buitenveld. Halman heeft met zijn snelheid en atletisch vermogen alles in zich om de nieuwe midvelder van de M's te worden: de leider van de verdediging in het verreveld. De man die de links- en rechtsvelder aanstuurt. Iemand die met zijn snelheid het grootste stuk veld bestrijkt en als laatste verdedigingslinie tegen hoog geslagen ballen fungeert.

Het zal nog wel even duren eer hij die leider wordt. De jonge kerel lijkt weinig vreemden te vertrouwen, is voor zijn doen wat stil. Veel mensen denken dat hij ouder is dan zeventien, net als vroeger bij zijn vader. Een coach denkt zelfs dat de jonge speler niets van blanken moet hebben. Zelf kijkt Greg naar de spelers die voor een miljoen dollar zijn vastgelegd en denkt dat hij beter is.

Het eerste jaar komt hij niet verder dan de Rookie League, het laagste niveau in de Minor Leagues.

Een jaar later keert hij terug naar Arizona, weer voor

de Spring Training, en komt dan beter voor de dag. Als de voorbereiding erop zit, vliegen de Mariners hem naar Seattle, thuisbasis van vliegtuigbouwer Boeing, een stad van vooruitgang en hoop.

Bijna goed.

Over snelweg I5 gaat de reis verder naar het noorden. 'Everett', leest hij op een bordje langs de weg.

Everett is alles wat Seattle niet is. Een klein, donker forensenstadje waar de laatste modebewuste inwoner in 1973 verdwenen moet zijn. Het meest opvallende gebouw in het centrum is een bajes met grote spiegelende ramen. Je struikelt er over de winkels waar je de borg voor de gevangenis kunt betalen. De mensen op straat lopen schichtig voorbij, kijken je nauwelijks aan. Alsof ze bang zijn dat een net vrijgelaten crimineel weer in de fout gaat. Het moet het treurigste kustplaatsje in Amerika zijn.

Niet ver van het kerkhof, in een rustige woonwijk aan het einde van een smalle asfaltweg, stopt Greg bij een lage bungalow. Links ziet hij dennenbomen. Elektriciteitsdraad hangt op bruine palen. Door de witte voordeur betreedt hij een woonkamer met zacht tapijt, grote bankstellen en een open haard. Dit is het domein van Cathy Chapman en haar man Jim. Al meer dan twintig jaar hebben ze jonge honkballers over de vloer. Jim, zestiger en Vietnamveteraan, wil het huis ook weleens voor zichzelf in de zomer, maar verzetten is kansloos. Cathy, een kleine vijftiger met een zalmroze huid en een kalme oogopslag, kan niet zonder de honkballers, die ze simpelweg 'my boys' noemt. Kookt voor ze, rijdt ze van en naar het stadion en geeft de veelal piepjonge spelers vooral het gevoel dat ze ergens bij horen, dat iemand om ze geeft. Sommigen zien haar als moeder en spreken de vrouw nog jaren. Met Gregory loopt ze weg. Zodra de 18-jarige Haarlemmer over de drempel stapt, vult het huis zich met leven. Sommige spelers sluiten zich op in hun kamer, maar Gregory gaat moeiteloos op in het gezin, waar kinderen en kleinkinderen krioelen als een mierenhoop en waar ook de Nederlandse speler Kalian Sams onderdak vindt. Gregory geniet van de broodpudding met rozijnen en karamel die vader Jim maakt en gedraagt zich alsof hij de mensen al jaren kent. Hij speelt videogames met Taylor, de zoon van het gezin, en lijkt schier onverslaanbaar. 'You wanna try again,' zegt hij met een grote lach op zijn gezicht als er weer een spel gewonnen is. 'Hij maakte iedereen in,' zegt Taylor Chapman.

De jongens trekken naar elkaar toe. Halman pept de zoon des huizes op als een geliefde hem dumpt. Ze slapen samen op een kamer en praten over wat er nog komt. Gregory vertelt. Over zijn broer en hoe hij zonder Jason nooit zo ver was gekomen.

Het voelt goed om weer onderdeel van een gezin te zijn. Net als in Haarlem, lijkt ook hier iedereen welkom. Ploeggenoten komen langs om gezellig te badderen in het buitenbad van de familie.

De enige keer dat ze 'm van z'n stuk krijgen, is als iemand hem ongevraagd Greg noemt. Hij reageert dan fel en wil dat er toestemming wordt gevraagd om zijn verkorte naam te gebruiken. Alsof hij wil toetsen wie de vertrouwenscirkel binnenkomt.

Een van de kleindochters van de Chapmans is aanvankelijk een beetje geïntimideerd door de grote zwarte kerel met z'n tatoeages. Die angst verdwijnt snel. Greg blijkt meer een grote teddybeer. De kinderen moeten om hem lachen en kijken met grote ogen naar de enorme steaks die hij wegwerkt. Hij rent met ze naar het veldje verderop in de straat, met de hoge dennenbomen en het dorre gras, en leert ze hoe je goed moet slaan. Als de chocoladefontein op tafel komt, duurt het niet lang eer hij en de kleinkinderen van top tot teen plakken.

'Hij viel op,' zegt Jim Chapman. 'Gregory was een *family guy*. Hij ging altijd naar de kinderen toe, hij gaf om ze. Greg was een zegen voor ons gezin.'

'Greg was mijn zoon,' zegt zijn vrouw, 'hij was deel van mijn familie. Ik kon met hem praten net als met mijn eigen zoon.' Ook als Gregory alweer lang en breed vertrokken is, belt hij Cathy op haar verjaardag en met kerst.

Uren brengen ze met elkaar door. Hij spreekt warm over zijn moeder en zussen. Over zijn vader zegt hij vooral dat hij net zo groot en sterk wil worden als Eddy. 'Hij zei nooit wat of hoe, maar ik kon aan hem zien dat hij had gewild dat zijn vader anders was geweest,' zegt gastmoeder Chapman later, 'dat hij meer aanwezig was geweest in het gezinsleven.'

Samen gaan ze naar het winkelcentrum. De pet, het shirt en de schoenen heeft hij het liefst in dezelfde kleur en altijd gaat er een baal spullen voor Jason mee, zijn beste vriend en favoriete gespreksonderwerp. Hij pikt er trouwens ook vrouwen op. Een kort gesprek – 'hey, how are you' – en dan kwamen ze vaak al naar de wedstrijd. 'Zo makkelijk ging het,' zegt Taylor Chapman, 'hij hoefde er niet eens moeite voor te doen, ze vielen gewoon om en ze waren allemaal knap. De meest schitterende vrouwen.'

Vijf homeruns

De bekendste vertegenwoordiger van de Aquasox is een gifgroene kikker, de mascotte. Het is eigenlijk ook de enige bekende medewerker van het team. Weinig supporters kennen de spelers of de stand op de ranglijst. De honkballers komen en gaan, als een rivier die continu overstroomt. Het seizoen dat loopt van juni tot augustus is zo kort en het aantal spelers zo groot dat weinig fans een band vormen met de jonge kerels op het veld. Onervaren en ruwe tieners zijn het nog. In een krap stadion met krakende tribunes krijgen ze drie maanden de tijd om zich voor zo'n duizend dollar per maand te bewijzen. Iedere dag kan je laatste zijn. Van Everett naar de Major League is een lange weg. Van de 45 spelers die hier in 2006 speelden halen slechts zes de Major League. Eén man lijkt ondanks die kleine kans volledig zeker van z'n zaak: Gregory Halman.

Makkelijk gaat het niet, dat eerste jaar. De tieners die op de heuvel staan, gooien harder dan de volwassen mannen in de hoofdklasse. Hij slaat weliswaar vijf homeruns, maar z'n slaggemiddelde van .260 houdt niet over.

En dan is het plots voorbij.

21 juli 2006. De Boise Hawks zijn op bezoek in Everett en aan het einde van de wedstrijd ontstaat een vechtpar-

tij. Greg Halman trekt een sprint uit het verreveld. Wat er gebeurt, gaat in de chaos aan de toeschouwers voorbij. Halman komt nog een keer aan slag, en gaat voor de vierde keer uit. Hij heeft die dag geen bal geraakt. Wel een tegenstander; daarbij blijkt een botje in Gregory's rechterhand te zijn gebroken.

Klok

Spyder Webb – een gedrongen fysiotherapeut met een indrukwekkende witte hangsnor – ziet spelers als Halman al 35 jaren komen en gaan. Hij houdt van zulke jongens, wil er alles aan doen om ze op het rechte pad te krijgen. Webb, deels zachtmoedige ouder, deels bullebak, schat dat hij 25 procent van de tijd zijn echte werk doet en de rest vult als reisleider en officieuze opvoeder van de jonge Aquasox.

Als Halman op een dag geblesseerd raakt, moet hij zich bij Webb melden. De fysiotherapeut kijkt op de klok van zijn Spartaans ogende behandelkamer met ouderwetse massagetafels en een groot ijsbad. Twee uur was de afspraak. Het is half drie. Halman sjokt binnen. Voor de zoveelste keer te laat. De jongen toont weinig emotie, alsof het de normaalste zaak van de wereld is dat hij zijn fysiotherapeut laat stikken.

'What the fuck is jouw probleem?' roept Webb.

Zijn barse stem vult de kamer.

'Ik heb niet de hele *fucking* dag om op jou te wachten.'

Halman torent ruim boven de fysiotherapeut uit. Hij zegt niet veel terug.

'Achtentwintig mannen weten wel hoe het moet. Waarom kun jij dat niet?' bast Webb.

'Hij begreep het gewoon niet,' zegt de fysiotherapeut enkele jaren later.

Mislukking bij de Timber Rattlers

Het Heartland van Amerika vliegt onder Gregory door. Hij landt in Appleton, Wisconsin. Dichter bij de Canadese grens dan bij de Major League. In Phoenix, waar hij vertrok, was het dertig graden, in Appleton kan het sneeuwen in april. De meeste inwoners zien eruit alsof ze familie van elkaar zijn en kijken wat sloom voor zich uit. Het stadion van de Wisconsin Timber Rattlers stroomt regelmatig vol, maar de fans lijken vooral te komen voor de braadworsten die met een kanon het publiek in worden geschoten.

Coach Horner neemt de nieuwe jongen in zich op. 'Een ongelooflijke atleet,' zegt de coach jaren later, 'hij kon echt rennen en hard slaan. Het enige dat er aan ontbrak was een hoog slaggemiddelde.' Greg lijkt hem op het eerste gezicht iemand die een zwaar leven heeft gehad. Ruw. Alsof hij je zou aanvallen als iets 'm niet bevalt. 'Hoe hij eruitzag was compleet anders dan wie hij was,' zegt de coach. 'Hij had een goed hart, een hart dat meeleefde met mensen die unfair behandeld werden.' Als coach Horner z'n pupil beter leert kennen ziet hij een jongen die makkelijk vrienden maakt en altijd wil spelen, nooit zeurt over blessures.

'Ik had het nummer van zijn moeder,' zegt Horner. 'Greg wist dat. Zij wist hoe ze hem de dingen moest laten doen die hij moest doen. Hij was zo van: "Oké, ik wil niet dat hij mijn moeder belt." Ik hoefde haar nooit te bellen.'

Z'n spel is niet foutloos en onderhuids borrelt de woede nog steeds. Soms vliegt z'n handschoen door de kleedkamer als hij in zijn ogen verkeerd behandeld is. 'Fuck this game. This is bullshit,' schreeuwt hij dan. Mensen kijken verschrikt op, ze kennen zijn reputatie en houden afstand. Als z'n coach zegt dat hij ook een stootslag mag neerleggen, gaat hij toch voor een homerun. En mocht hij de bal op de grond slaan, dan jogt hij naar het eerste honk. Coach Horner haalt 'm dan naar de kant. Het helpt mondjesmaat. Misschien is het z'n onvolwassenheid, denkt de coach: 'The swagger, die arrogantie, ik kon het hem niet kwalijk nemen, hij had zo veel meer talent dan de anderen.'

'Hij dacht dat hij onoverwinnelijk was,' zegt Cathy Chapman, zijn gastmoeder in Everett, 'hij twijfelde er niet aan dat hij succesvol zou zijn, dat zijn dromen uit zouden komen en dat hij de Major League zou halen. Iedere dag was een nieuwe kans voor hem om een homerun te slaan.'

Hij ziet de pitchers effectballen gooien die hij nog niet eerder zag. Vaak slaat hij tijdens de warming-up verder dan in de wedstrijd. Enkele toeschouwers denken dat hij ieder potje achteruit kachelt. Op een avond wordt een bal hard naar het midveld geslagen, zijn nieuwe positie. Gregory sprint op de bal af. Een honkloper snelt over de honken. Halman moet een wereldbal in zijn hoofd hebben als hij z'n handschoen naar het gras brengt. Hij vergeet één ding. De bal. Die rolt naar het buitenveld, terwijl hij nog naar het binnenveld rent.

Op de krappe perstribune kijkt de scout die Halman in Nederland contracteerde toe. Hij is in de stad om Halmans vorderingen te beoordelen. Eén rij voor de scout maken clubmedewerkers grapjes over de jonge Nederlander. Ze hebben dit nu al zo vaak gezien en zijn het gestuntel zat. De scout is woest.

'Heb je ooit gespeeld? Heb je ooit eerder gescout?' roept hij tegen de mannen voor hem.

De scout verlaat de persruimte.

Later die avond sturen de Mariners Halman weg uit Appleton. Hij moet het een niveau lager gaan proberen.

'Die beslissing heeft mijn seizoen gered,' zal hij later zeggen tegen journalist Marc Kok, 'ik haalde me bepaalde dingen in mijn hoofd. Ik wilde de verwachtingen meteen waarmaken. Ik was te veel aan het vooruit denken en vond ook dat ik eigenlijk te goed was voor de ploeg waar ik bij zat. Maar ik kon dat niet in prestaties omzetten. Het ging eigenlijk elke wedstrijd slechter. Ik had het daar heel erg moeilijk mee. Honkbal is echt alles voor me.'

De 19-jarige Greg gaat weer terug naar Everett.

In de auto op weg naar het huis met de grote bankstellen, zegt Greg tegen Cathy Chapman dat hij blij is om haar te zien. Dat is de enige blijdschap die zíj ziet. De jongen zit er doorheen.

Ze zet hem neer op het bed in de slaapkamer bij de tuin.

Hij zet z'n tassen op de grond.

'Greg, je moet volwassen worden,' zegt ze.

Hij lijkt boos op de wereld. De coaches, de omstandigheden, iedereen heeft het gedaan, behalve hij.

'Weten de coaches niet wat ik allemaal kan?' klinkt het kwaad, 'ze weten toch wat ik kan?' Het leek alsof zoveel mensen hem wilden optillen met complimenten en hoge verwachtingen, dat hij het moeilijk vond om z'n benen op de grond te houden.

'Maar Greg, je laat het niet zien,' zegt Chapman, 'je bent jong, je hebt meer talent in je kleine vinger dan bijna ieder ander in jouw land, maar hier ben je met de beste van de besten. Stop anderen de schuld te geven. Jij moet het zelf doen. Je kan niet verwachten dat iedereen voor je buigt. Je moet hard werken, naar je coaches luisteren en je houding moet veranderen.'

Hij lijkt haar woorden te wegen.

De Kilimanjaro is minder hoog dan deze opdracht.

'Ja dat moet ik,' zegt hij schoorvoetend.

Chapman besluit dat het tijd voor Greg is om na te denken.

Ze staat op en verlaat de kamer.

Niet veel later meldt Greg zich in het stadion voor de training.

Fysiotherapeut Spyder Webb vreest het ergste.

Maar ten onrechte. 'Hij was een compleet andere kerel,' zegt de fysiotherapeut, 'volwassen, een leider op het veld en in de kleedkamer.'

Er volgt een goed seizoen.

De laatste dag dat Greg in Everett speelt, zit Webb achter z'n bureau.

Een donkere gestalte vult de deuropening.

Webb kijkt op.

'Ik stel het erg op prijs wat je voor ons hebt gedaan,' zegt Gregory Halman, 'ik zal het niet vergeten.'

Webb is verbaasd. Niet veel spelers zeggen zoiets. Is dit dezelfde jongen die een jaar eerder nauwelijks een woord uitbracht? De jongen die alleen om zichzelf leek te geven?

De kale fysiotherapeut staat op uit zijn bureaustoel. Hij knuffelt de Haarlemmer.

'Dat moment betekent alles voor me,' zegt Webb jaren later, 'daarom doe je dit werk, om een jongen zoals Greg te helpen opgroeien.'

Na het seizoen keert Gregory zoals veel spelers in de Minor Leagues weer terug naar zijn geboortegrond. In Nederland brengt Gregory veel tijd door met zijn broer en de vrienden van vroeger. Vaak wordt hij getrakteerd op een feest bij thuiskomst en daar kijkt hij ook wel naar uit, maar nog liever kijkt hij alweer vooruit naar een nieuw seizoen met nieuwe kansen. 'Hij kon niet wachten tot het weer voorjaar was,' zegt gastmoeder Chapman.

In het najaar debuteert hij in Oranje op het EK in Barcelona. De eerste twee wedstrijden is hij basisspeler en later in het toernooi vooral invaller. Hij mist een vrij eenvoudige vangbal in het buitenveld omdat hij z'n zonnebril is vergeten en z'n ploeggenoten ergeren zich soms als hij zich alleen terugtrekt in de dug-out, wat wordt opgevat als een teken van arrogantie. Niettemin pakt hij, achtentwintig jaar nadat zijn vader kansloos werd afgedroogd door Italië tijdens het EK, dit keer wel de titel.

Oom

Monterrey, Mexico, augustus 1971.

Samuel Baptist – Eddy's halfbroer, Gregory's oom – jogt richting de thuisplaat. Met zijn lange benen en atletische voorkomen heeft hij wel wat van hen weg. De bal die Samuel net over de hekken joeg, moet de verste homerun van de Latijns-Amerikaanse jeugdkampioenschappen zijn geweest. Z'n ploeggenoten wachten de slagman met uitgestoken handen op. Ze lachen. Samuel lijkt koel.

In de voetsporen van Eddy trekt Samuel naar Nederland. Hij trouwt met Thea van der Hurk. Het echtpaar krijgt twee kinderen.

In de vroege ochtend van maandag 19 november 2007, Gregory's seizoen zit er nog maar net op, zakt Samuel Baptist door zijn knieën in de tuin van een huis in Druten, niet ver van de Waal. In zijn hand heeft de man een keukenmes van 21 centimeter. Naast hem ligt een vrouw. Ze bloedt.

Samuel is ervan overtuigd dat Thea verslaafd is aan cocaïne en hem stiekem drugs toedient om hem zo kapot te maken. Ook zou ze zich onder dwang laten prostitueren en in een pornofilm spelen.

Buurtbewoners hoorden gegil. Ook hoorden ze het geruststellende gemompel van een man. De man staat op. Hij loopt in het schemerduister van de tuinpoort naar de keukendeur. De man gaat de keuken van het huis binnen en drinkt iets. Hij valt in slaap. Boven liggen zijn twee zoons te slapen. Uren later ziet een buurman een voet uitsteken achter een houten scherm. Hij belt de politie. Die kan niets meer voor de vrouw doen. Samuel Baptist zegt dat het zelfverdediging was. Niemand gelooft hem.

De psychiaters spreken van een ernstige psychotische waanstoornis waarin de man zich verbeeldt dat de vrouw hem bedriegt. Zijn ex staat centraal in zijn waanstoornis. De vrouw, zoals de rechter het zegt, 'van wie hij houdt en van wie hij afhankelijk is, maar door wie hij zich ook bedrogen en bedreigd voelt, de vrouw die hij wil helpen, maar die zich niet laat helpen, en de vrouw van wie hij niet kan loskomen omdat hij bij haar bevestiging zoekt van zijn waanbelevingen'.

De rechter acht de kans op herhaling zeer groot en ziet gevaar voor de familie. Samuel krijgt drie jaar en TBS. Een jaar na zijn veroordeling terroriseert Samuel zijn familie, onder wie een bejaarde oma, met brieven, kaarten en telefoontjes. 'Het komt niet door mij,' schrijft hij volgens *De Telegraaf* aan zijn kinderen. 'Iedereen heeft 't gedaan, behalve hij,' zegt een zus van het slachtoffer in diezelfde krant.

Jackson

Gregory Halman wordt langzaam wakker. Buiten ziet hij Tennessee langsglijden. Het land van barbecue, bijbels en whisky. Beboste heuvels. Oprijlanen zo lang dat je een auto nodig hebt om de post op te halen. Jackson doemt schijnbaar vanuit het niets op. Grofweg halverwege de bluesmuziek van Memphis en de countrydeunen van Nashville. Het beste dat de *locals* over de forensenstad zeggen is het afgemeten '*it is not too bad*'. Gregory vindt het niks. Meer een stad om doorheen te rijden dan om te stoppen. Het is er in de zomer maandenlang warmer dan 30 graden. Nauwelijks regen. De lucht voelt als een magnetron op standje tien. Het asfalt lijkt verschroeid door de hitte. Greg speelt er in 2008 en 2009.

De busstoel prikt in Gregory's kont. Dagen, weken heeft hij al zo, half hangend tegen het raam, doorgebracht, als een honkbalnomade trekkend van hotel naar appartement en omgekeerd. Meestal zit hij achterin en als hij mazzel heeft, kaapt hij twee stoelen weg om op te hangen. Tien uur van Everett naar Boise, Idaho, over kronkelende bergwegen die plots uitmonden in een eindeloze vlakte. En weer terug. Bij de West Tennessee Diamond Jaxx, de ploeg uit Jackson, twee niveaus verwijderd van de Major League, zal het niet anders zijn. De dichtstbijzijnde uitwedstrijd is in Birmingham, Alabama, 380 kilometer verderop. Dat valt nog mee. Naar Jacksonville aan de oostkust van Florida is het 1153 kilometer. Soms gaan ze rond middernacht weg en moeten ze na een nacht rijden de volgende middag weer spelen.

Hij zal wel moeten. Het is niet ongebruikelijk dat een speler een niveau overslaat in de Minor Leagues, maar dit niveau, twee stappen verwijderd van de Majors, slaat bijna niemand over. De meeste clubs laten hun grootste talenten in deze competitie wennen aan topwerpers. Voor het eerst in de Minor Leagues speel je een seizoen met 142 wedstrijden; een goede voorbereiding op de 162 wedstrijden in de Major League. Als je hier slaagt, moet je het in je hebben om de Major League te halen, is de heersende opvatting onder honkbalbestuurders. Gregory is met zijn twintig jaar de jongste speler in het team. Gemiddeld zijn z'n ploeggenoten 25.

Gelukkig gaat het lekker. Thank God. 'Hits it deep to left field... You can kiss it goodbye... homerun for Greg Halman,' kakelt de plaatselijke radiocommentator regelmatig. Gregory vindt het een gekke uitspraak. Laatst is hij naar de jongen, een grote rode reus, toegelopen. 'Wat had dat allemaal te betekenen?' vraagt hij op die typische Halman-toon. De radiojongen voelt zich een beetje geïntimideerd. Halman. Het Grote Talent dat hem, de eerstejaars commentator, ter verantwoording roept. De coaches stellen de radioman gerust: maak je niet druk, dit gebeurt *all the time.*

In een valleitje aan de rand van de stad kijkt Gregory naar lege tribunes. Op een doordeweekse dag trekken de West Tennessee Diamond Jaxx krap tweehonderd fans. Zelfs bij een homerun klinkt het gezoem van de vrachtwagens op de naastgelegen snelweg luider dan het gejuich op de tribunes. American football, jagen en vissen zijn hier populairder dan honkbal. Alleen als er gratis spullen worden uitgedeeld of als het bier een dollar kost, komen de mensen kijken.

Nog niet zo lang geleden overwoog het thuisteam de stad te verlaten. Weinig mensen zouden het hebben gemerkt.

De afwezigen missen wat. Er klikt iets. Greg slaat homerun na homerun over de met reclame beplakte muren van het outfield. De verslaggevers op de tribunes veren op: zulke verre homeruns zagen ze weinig. Daarbij is Halman ook nog razendsnel en steelt meer dan dertig honken, een bijzondere prestatie. Al met al beleeft hij in Jackson z'n definitieve doorbraak en wordt hij eind 2008 door de Mariners uitgeroepen tot hun beste speler in de Minor Leagues. Voor aanvang van het seizoen 2009 wordt hij mede door die prestaties als 57ste genoteerd in de prestigieuze Amerikaanse talenten top-honderd van het tijdschrift *Baseball America*. Seizoensgids *BaseballProspectus. com* gaat nog wat verder en zet hem op nummer 42. Die vermeldingen zijn voor spelers uit Nederland normaal gesproken niet weggelegd.

Soms speelt z'n drift op. Een fan lacht hem uit als hij meerdere keren achter elkaar strike out gaat. Halman schreeuwt het uit. 'Piece of shit. Move out of the way.' Hij wil de man te lijf. Een beveiliger sust de situatie. 'Hij is soms gek, dan wil hij vechten, vechten, vechten,' zegt z'n ploeggenoot Leury Bonilla.

Na de wedstrijden rijdt Gregory via brede wegen naar het noorden van de stad, langs meerdere kerken, een drive-in bank en een shabby motel. Tien minuten later passeert hij hamburgerzaak Sonic, 24 uur per dag open. Iets verderop staat zijn huis, in een anoniem appartementencomplex aan de rand van de stad, met huizen van prefab bouwpakketten. Binnen staat een tafeltennistafel en wat eenvoudig meubilair. Veel doet hij er niet buiten het veld. De disco's in Jackson vindt hij niks. Vaak speelt hij een videogame – daarin is hij bijna net zo fanatiek als met honkbal – of belt hij met zijn broer.

Wat er ook gebeurt, goed of slecht, de liefde voor het spel overwint altijd. Net als vroeger in Haarlem, of op Aruba, waar hij een tijdje woont, dicht bij het huis aan de onverharde weg, waar de waslijn danst op de wind. Gregory neemt zijn neefjes mee naar buiten, op de onverharde weg voor het ouderlijk huis van zijn vader. 'Ga hier staan,' zegt hij tegen de jongens. Hij pakt een bal en een knuppel. De neefjes krijgen een handschoen.

'Run, run, you got to run,' roept Gregory.

'Pick it up, throw throw...'

De kereltjes rennen onder de onbarmhartig schijnende zon.

Tante Patricia stapt naar buiten en kijkt rond. 'Misbruik mijn kinderen niet,' roept ze naar de Nederlandse jongen met de knuppel in zijn hand. 'Doe dat niet!'

'Ze moeten net zo van het spel houden als ik!' roept Gregory terug.

Tantes ogen glimmen bij de herinnering.

Tacoma

Als je maar ver genoeg slaat, val je vanzelf op.

Na twee sterke seizoenen, 29 homeruns in 2008 en 25 homeruns in 2009, vinden de Mariners het in 2010 tijd dat Gregory zich in Tacoma meldt, vijftig kilometer ten zuiden van Seattle. Hij speelt daar voor de Tacoma Rainiers, één stap onder de Major League.

De droom is dichtbij.

De zweem van onschuld en spelplezier die rond de stadions op de laagste profniveaus hangt, is in deze havenstad grotendeels afwezig. Alles is er groter dan in Jackson: het stadion, de toeschouwersaantallen, zelfs het vervoermiddel lijkt exponentieel groter dan in Tennessee: in plaats van de bus, wordt in de *Pacific Coast League* het vliegtuig gepakt. De dorpen en steden van het Amerikaanse platteland zijn ingeruild voor steden van naam: Memphis, Las Vegas, Nashville, New Orleans. Toegegeven, het is geen New York of San Francisco, maar erger dan die dorre boel in Tennessee wordt het niet.

Als je in Tacoma speelt, kun je ieder moment worden opgeroepen naar het walhalla. De salarissen zijn beter op dit niveau. Zelfs het uitzicht is mooier. Vanuit Cheney Stadium zie je in de verte Mount Rainier, een helder baken op een zomeravond.

Waar de spelers bij andere clubs vaak jong zijn en vol toekomst, kom je in Tacoma ook oude en zure veteranen tegen die voelen dat ze het hoogste niveau nooit (meer) halen en overlopen worden door jongeren die hun brood opeten. Zelfs de perschefs hebben hier een carrièreplan.

Gregory lijkt te voelen dat hij zijn droom voor het grijpen heeft. Darren Brown – de manager in Tacoma – ziet Greg naar het stadion komen met een lach op zijn gezicht en 's avonds, na een lange dag op het sportpark, weer vertrekken met diezelfde vrolijke kop. 'Ik zie die aanstekelijke lach nog zo voor me,' zegt hij enkele jaren later, 'het enthousiasme dat hij had als hij naar het stadion kwam om een wedstrijd te spelen, was als bij een klein jongetje. Dat is niet iets dat je kan aanleren, dat had hij van zichzelf.'

Z'n ploeggenoten vermaken zich met de gekke dansjes

in de kleedkamer. 'Hey, ik weet dat jij kan dansen *white boy*,' roept hij plagend naar een ploeggenoot terwijl hij z'n heupen jaloersmakend soepel heen-en-weer wiegt op de klanken van rapmuziek. Hij houdt ervan als de spotlights op hem gericht zijn en lijkt langzamerhand een natuurlijk leider. Oudere spelers vraagt hij hoe het met hun kinderen gaat en jongere spelers neemt hij apart om ze een hart onder de riem te steken als ze het lastig hebben. 'Hij gaf je veel zelfvertrouwen. Liet je altijd geloven dat je een veel betere speler was dan werkelijk het geval was,' zegt Blake Beavan, werper van de Rainiers. Ook voor het knippen van hun haar kunnen z'n maten bij hem terecht. Gregory voelt zich hier als een vis in het water.

'Hij hield van de jongens met wie hij speelde,' zegt z'n coach Horner, 'bijna alsof hij net zoveel om ze gaf als om zijn familie.'

Hij lijkt een zwak te hebben voor spelers uit Zuid-Amerika. Die zijn er in overvloed in de Major Leagues, maar de Mariners lijken er een sport van te maken om zo min mogelijk Amerikanen op te stellen. Er zijn wedstrijden waarin de meeste spelers Spaans in plaats van Engels spreken. Hij lijkt zich extra in te spannen voor de jongens die het moeilijk hebben in hun nieuwe thuisland. Vaak hoeft de coach het niet eens te vragen of Greg staat al te vertalen. De Spaanstalige jongens vinden het geweldig, een Nederlander die Spaans spreekt. Ze voelen zich door hem wat minder eenzaam en meer welkom in hun nieuwe land. Hij houdt van de uitbundigheid van die jongens, minder stijf dan sommige Amerikanen. Als de

Dominicaanse spelers hem de Bachata uitleggen, een typisch Dominicaanse dans, doet hij tot hilariteit van velen enthousiast mee.

Weinig interviews laten onvermeld dat hij Papiaments, Spaans, Engels en Nederlands spreekt, soms zijn de commentaren op zijn vermeende talenknobbel zo lyrisch dat de volgende stap een Nobelprijs lijkt. De meeste Amerikanen komen niet verder dan een paar woorden Spaans. Misschien dat Halmans Spaans – opgepikt uit het aan het Spaans gelinkte Papiamento dat hij van z'n vader leerde – ook een beetje wordt overschat. Op een dag gaat de telefoon in het hotel van de Mariners in Arizona. Ploeggenoot Leury Bonilla neemt op. Greg aan de lijn. *Bonilla, come to agua*. 'Ik begrijp het niet, ik wil niet,' zegt Bonilla. Even later staat Halman voor de deur, een handdoek om zijn middel geknoopt. 'Ah, water,' zegt Bonilla. *Agua* betekent drinkwater. *Piscina* betekent zwembad. Greg wordt kortstondig met de vergissing gepest.

Only the strong survive

Chris Woodward is aan zijn zestiende seizoen in het prof-honkbal bezig als hij in 2010 in Tacoma speelt. Hij denkt het allemaal wel gezien te hebben na 1300 wedstrijden bij verschillende clubs in de Minors en Majors, als tijdens de training een bal de muur van het buitenveld raakt. Woodward ziet zelden iemand die de muur raakt. Te ver. Daarbij regent het die dag en is de lucht koud. In betere weersomstandigheden vliegt de bal makkelijker door de lucht en zou het zeker een homerun zijn geweest, denkt Woodward.

Bij de thuisplaat, zo'n 130 meter verderop, kijkt Greg Halman z'n bal na. Dat is gekkenwerk, denkt Woodward, wat een freak, die Halman. Hij noemt de Haarlemmer kortweg 'Superman': 'Er zijn veel middelmatige atleten die goede Major Leaguers zijn. Je ziet in het honkbal weinig kerels die zo atletisch als Greg zijn. Hij leek onverwoestbaar.'

De twaalf jaar oudere Woodward krijgt het kleedhokje naast Halman toebedeeld en werpt zich op als een soort mentor. Van buiten komt Gregory op hem over als de typische atleet, zonder veel inhoud. Hij is verbaasd als de Nederlander een zinnig gesprek over de Amerikaanse politiek kan voeren.

Na een wedstrijd vroeg in het seizoen, waarin Gregory alleen maar strike outs slaat, zit de Haarlemmer eenzaam voor z'n kleedhokje. Hij heeft nog niet gedoucht, terwijl sommige ploeggenoten al aangekleed en wel vertrekken. Gregory schudt zijn hoofd. Hij lijkt niet te geloven wat er net is gebeurd. Toch niet weer een jaar vol strike outs? Chris Woodward gaat naast hem zitten.

'Als dit het slechtste is dat je ooit is overkomen, dan is het zo slecht nog niet,' zegt Woodward uitdagend.

'Ja, natuurlijk. Maar ik kan beter dan dit,' antwoordt Halman.

Woodward: 'Natuurlijk weet ik dat je beter kunt, maar dit is een taai spel. Je moet blijven vechten. Er is geen reden om je hoofd te laten hangen.'

Halman: 'Ik laat m'n hoofd niet hangen, want ik wil beter worden.'

'De volgende dag kwam hij terug met een lach op zijn gezicht,' zegt Woodward, 'hij had het nog een maand lastig, daarna had hij het door en zag je waartoe hij in staat was. De volgende anderhalve maand was hij waarschijnlijk een van de beste spelers die ik ooit heb gezien.'

Gregory is een van de dragende krachten in het team, met 80 binnen geslagen punten en 33 homeruns. Tacoma wint de divisietitel en viert die als een overwinning in de World Series.

In die periode stopt Gregory bij tatoeagezaak 'The Rose & Crown', niet ver van Commencement Bay in Tacoma. Hij is net als Jason gek op die dingen. Het begon met één en het werden er snel ontelbare. Rug, armen, benen. Overal zitten ze. Ze staan voor zijn honkballiefde, doelen, of de liefde voor zijn broer. Dat laatste wordt het best tot uitdrukking gebracht in een tatoeage die ze beiden hoog op hun rug hebben laten zetten. Een kruis met daarbij de tekst 'brothers for life'.

In Tacoma is Jason er niet bij als de deur van de glazen winkelpui open zwaait. Tatoeëerder Nate Leinfelder, een kleine kerel met kleurige tatoeages, komt tevoorschijn. Hij kijkt omhoog. Een grote zwarte kerel onder de plakplaatjes met een lach van hier tot Amsterdam staat voor z'n neus. Ze praten en maken een afspraak. Leinfelder is geen groot honkbalkenner. Meer een man van de kunsten. Hij googelt 'Greg Halman'. Hij ziet homeruns, snoekduiken. Man, deze kerel is een geweldig atleet, denkt de tatoeëerder.

Niet veel later komt Greg de winkel opnieuw binnen. De jongen gaat op zijn linkerzij liggen. De naald zoemt. Gregory vertrekt geen spier als de naald in zijn vlees drukt. Best apart, denkt Leinfelder, het is een behoorlijk mannelijke tatoeage waar hij mee bezig is. Het ding vult bijna de hele zij.

Veel atleten komen binnen met een air over zich, gaan zitten, krijgen een tatoeage. Meer een zakelijke transactie dan persoonlijke interactie. Klanten, data: ze lopen na jaren tatoeëren door elkaar als de kleuren van een aquarel. Maar deze kerel onthoudt Leinfelder. Gregory Halman was anders. Vriendelijk, kalm. Makkelijk om mee te praten. 'Een charismatische kerel,' zegt Leinfelder.

'Ik hoopte dat hij nog eens binnen zou komen. Het was een toffe dag in de winkel.'

Het gezoem stopt. Halman loopt naar de spiegel en draait z'n hoofd.

Leinfelder weet het: 'Ik zette een geweldige tatoo.'

Een zwaard, van oksel naar dijbeen.

'Only the strong survive.'

De dagen dat een Nederlandse journalist in het *Haarlems Dagblad* een oproep las voor de heer G.A.H. Halman – zonder vaste woon- of verblijfplaats – om zich te melden bij de rechtbank ter verantwoording van een of andere misstap, zijn voorbij. Hij lijkt z'n gewelddadige verleden te hebben afgeschud, hij is klaar voor de grote stap.

4. Debuut

23 september 2010. Toronto Blue Jays – Seattle Mariners. Nog voor de coach hem bij zich roept, heeft Gregory Halman z'n spelerskaart al gekregen. Met open mond had hij naar het ding gestaard. Was dit nu echt waar? Was hij echt een Major League-speler? De eerste wedstrijd moet dan nog beginnen, maar dat kan niet lang meer duren. Als de coach hem roept weet hij het zeker. Vandaag debuteert hij in de Major League. Gregory voelt zich even groter dan de kerels om zich heen.

Hij lacht als hij naar hen kijkt. Kerels die hij vroeger alleen op plaatjes zag. Ken Griffey Junior loopt voorbij op het trainingsveld in Arizona. Op een foto uit die dagen zie je Gregory, zijn ogen gefixeerd op de Amerikaanse ster. In Yankee Stadium ontmoet hij die andere held, Andruw Jones. 'Je hebt veel voor mij betekend,' zegt hij tegen Jones. Jones herkent net als Griffey iets van zichzelf in Halman. Gretigheid. Te snel willen slaan. Jezelf per se willen laten zien in Yankee Stadium.

Eerste keer

Een argeloze toeschouwer zou kunnen denken dat de Mariners in het vroege najaar van 2010 vooral in het veld staan om zo min mogelijk te winnen. Met 93 nederlagen in 151 wedstrijden zijn ze hard op weg om weer eens meer dan honderd wedstrijden te verliezen. Logisch dat er op deze vroege donderdagmiddag in Toronto meer blauwe stoeltjes dan toeschouwers zichtbaar zijn. De tv-commentatoren proberen de moed erin te houden. Beroepsmatig zijn ze deels cheerleader, deels journalist (waar het ene ophoudt en het andere begint is niet altijd helemaal duidelijk) en ze kiezen ervoor om vooral de positieve zaken te belichten. Dat superster Ichiro Suzuki, buitenvelder bij de Mariners, op het punt staat om voor het tiende seizoen op rij tweehonderd honkslagen te slaan (een record) is een welkom lichtpuntje in deze duistere tijden. Debutant Halman moet voor nog een hoogtepuntje zorgen. Zal hij z'n eerste homerun slaan? Het lijkt de centrale vraag in menig radio- of tv-commentaar die dag.

Waarom ook niet? Halman heeft een grote bijdrage geleverd aan het kampioenschap van de Tacoma Rainiers en wanneer zie je nou een Nederlander die zoveel homeruns kan slaan?

Drie-en-dertig.

Honkballers uit de polder mogen van geluk spreken als ze verder komen dan een stuk of tien lange klappen in een seizoen. Zelfs de allerbeste spelers met een Nederlands paspoort kost het de grootste moeite om er meer dan twintig in één jaar te slaan. Curaçaoënaar Hensley Meulens lukte het ooit, net als eilandgenoot Wladimir Balentien. In een steekproef van 25 Nederlandse profspelers die meerdere jaren in de Minor Leagues speelden, kwam alleen de beste honkballer met een Nederlands paspoort ooit – Curaçaoënaar Andruw Jones – verder dan 33 homeruns: 34 in 1996.

De commentatoren vergapen zich aan Halmans verschijning. De lichtgrijze broek zit alsof hij geboren is met het ding aan z'n kont. De spieren op zijn armen wervelen, de tatoeages op zijn rechterarm boezemen ontzag in. Vooralsnog alleen bij de tv-kijker. De werpers blijven wijs genoeg van de fastball af als de jonge Haarlemmer slaat. Als hij voor de vierde keer die middag onverrichter zake naar de dug-out loopt, heeft hij de gezichtsuitdrukking van een jongetje dat is weggestuurd uit de klas en weet dat het terecht is. Zoals met veel in het leven, blijft er hoop, want, stelt de commentator: 'Welke power hitters gaan niet vaak strike out?'

Als een verslaggever van het *Haarlems Dagblad* hem dat jaar voorhoudt dat een droom in vervulling is gegaan, die dag in Toronto, zegt hij: 'Nee hoor. Mijn droom is niet geweest effe een debuut maken in de Major League. Mijn droom is vijftien jaar lang op dit level te spelen. Een speler te worden als Alex Rodriguez van de Yankees. Pas dan ben ik tevreden.'

Die weg is nog lang.

Holland

In Nederland geboren honkballers in de Major League. Dat was lange tijd hetzelfde als een Belgische schaatser op de 1500 meter. Ze waren er vast, maar wat je niet zoekt, vind je ook niet.

In de negentiende eeuw debuteerden enkele Nederlandse immigranten op het hoogste niveau. In de jaren vijftig van de volgende eeuw kregen enkele Hollandse amateurs de kans om mee te trainen bij de New York Giants en de Cincinnati Reds. Ze keerden onverrichter zake terug. Een paar decennia later, in de jaren zeventig, was Bert Blyleven een van de betere werpers, maar de geboren Zeistenaar woonde zo kort in Nederland dat hij moeilijk als Nederlander kan worden gezien. Hagenees Win Remmerswaal mocht eind jaren zeventig even ruiken aan het hoogste niveau bij de Boston Red Sox. Hetzelfde gold voor Robert Eenhoorn bij de New York Yankees en Rikkert Faneyte bij de San Francisco Giants in de jaren negentig. Bankzitters bleven het, spelers die niet verder kwamen dan een *cup of coffee* in de Majors.

Spelers van de Antillen leken meer kans te maken op een verblijf in Amerika. New York Yankee Hensley Meulens wordt eind jaren tachtig de eerste speler uit Curaçao op het hoogste niveau. Eugene Kingsale van de Baltimore Orioles is in 1996 de eerste Arubaan in de Major League. Beiden worden opgevolgd door talentvolle anderen. Sterspeler Andruw Jones bij de Atlanta Braves als bekendste voorbeeld.

Het worden er steeds meer. Rond 2010 hebben tientallen Nederlanders een contract in de Minor Leagues, al keren veel in Nederland geboren spelers vaak na enkele anonieme seizoenen gedesillusioneerd terug naar huis. Als Gregory in de Majors debuteert, treft hij meerdere spelers met een Nederlands paspoort.

Halmans positie als Nederlander is voor de Amerikaanse honkbalvolgers overigens verwarrend. Komt hij nu van een eiland of uit Nederland? De Amerikaanse superster Derek Jeter keek ooit verbaasd op toen hij hoorde dat Nederland en Curaçao ver uit elkaar lagen.

Strike out

Er lijkt een probleem op weg naar de top.

Honkbal heeft iets sadistisch in zich. Ga maar na. Je hangt de hele dag op een veld voor misschien drie of vier slagbeurten waarin je maximaal enkele minuten in actie komt. Ondertussen ga je zeven van de tien keer terug naar de dug-out zonder iets te raken. En dan doe je het nog goed.

Seattle. 3 oktober 2010. Seattle Mariners – Oakland Athletics. De Mariners scoren nauwelijks en verlangen naar homeruns als een wandelaar in de Sahara naar water. Een dag eerder verloor het team zijn honderdste wedstrijd van het jaar. Alweer. Zelfs de televisiecommentatoren van de thuisploeg lijken iets van hun natuurlijke enthousiasme kwijt. Murw gebeukt misschien. De jonge debutanten bieden nog een beetje plezier voor de heren commentatoren. Halmans naam wordt met licht ontzag genoemd. Wat een kracht. Wat een talent. Maar wanneer komt die eerste homerun?

Zijn eerste slagbeurten in de Majors zijn geruisloos gepasseerd. Weinig lukt. Pas in zijn vierde wedstrijd op het hoogste niveau slaat de verrevelder voor het eerst een honkslag. Die bal glipt maar net langs de derde honkman. Gregory wil meer. De werpers blijven voorzichtig met hem. Ze moeten wel. Een bal recht over de thuisplaat en ze mogen vissen.

Tegen de Athletics ruikt Halman zijn kans als hij Henry Rodriguez tegenover zich ziet staan: een Venezolaanse werper met een huid lichtbruin als het gravel en pokdalig als een rotswand. Een dun streepje haar loopt van zijn lippen naar zijn onderkin. Meer type Mexicaanse huurmoordenaar dan babysitter. Zijn fastball haalt *One Hundred Miles An Hour*. Een magische grens. Honderd-Zes-En-Zestig kilometer per uur. De catcher krijgt zere handen als Rodriguez gooit.

Halman wil die fastball meer dan wat dan ook. Hij leeft van de fastball. Waar anderen met fastballs naar huis worden gestuurd, zijn het voor Gregory cadeautjes. 'Cookies,' noemt hij ze als ze recht over de plaat komen.

Rodriguez zwaait zijn rechterbeen op. Slider. Over de plaat. *Strike one.*

Rodriguez gooit nog een slider: wijd. Halman neemt niet eens de moeite om de knuppel van zijn schouder te halen en spuugt een dunne fluim uit. Alsof hij Rodriguez wil zeggen: '*Een echte man gooit geen sliders. Show me what you've got.*'

De snelheidsmeter op de tv slaat rood uit. Fastball.

Ninety-eight-miles-an-hour.

Halman buigt iets naar voren. Als een kind dat voor het eerst een bak met piranha's ziet. De opwinding is groter dan de angst.

Wat begon als de voorzichtige dans van de matador en de stier is veranderd in een loopgravenoorlog.

Nog een bal. 97 mijl per uur. Fout geslagen. Greg opent het klittenband aan z'n handschoenen, sluit het weer. Hij spuugt nog maar een fluim in het gravel. Twee slag, twee wijd.

Weer een bal. 99 mijl per uur. Naast de plaat. Twee slag en drie wijd: volle bak. De tweede bal die met 99 mijl per uur voorbijkomt slaat Gregory fout, met een beetje venijn.

Bij bal zeven van de slagbeurt, een raket van honderd mijl per uur, over het midden van de plaat, haalt Gregory uit, soepel als een golfer bij de afslag. Zijn rug licht voorover gebogen, de beweging venijnig en snel. Hij kijkt naar de bal met een gezicht alsof hij die wil vermoorden. Honkbal wordt door hem gereduceerd tot een strijd op leven en dood. Z'n hele bestaan lijkt op het spel te staan. Als Gregory voor een wedstrijd inslaat, schreeuwt hij het uit als een coach de ballen te makkelijk aangooit.

'Te voy a matar ahí
No me tires ahí
Te voy a matar!'
Ik ga je doodmaken,
gooi me niet daar
ik ga je doodmaken!

Hij staat op het punt iemand te vermoorden. De bal ten minste.

Hij raakt het witte leer aan de bovenkant van zijn knuppel en de bal schiet met een harde knal tegen een reclamebord recht achter de thuisplaat. Gregory is dichtbij.

Sport kijken is ongemakkelijk als alle toeschouwers lijken te weten wat de sporter niet weet. Een voetballer die alleen op de keeper afrent, schiet en mist terwijl naast hem een ploeggenoot voor open doel staat. De schaatser die juichend over de finish komt, maar vergeet dat hij nog een rondje moet. Je wilt opstaan, tegen je tv schreeuwen, de man op het scherm bij z'n oren pakken, voortduwen, redden misschien.

Iedereen in het stadion lijkt te beseffen wat Gregory moet doen na zes fastballs op een rij.

Eén man niet.

Alles aan de laatste worp van de slagbeurt schreeuwt 'lááááát gááááááán'.

De bal gaat traag. 86 mijl per uur. Laag. Ver weg van de slagman. Onbereikbaar. Een zekere wijdbal en vrije loop naar het eerste honk, zou je denken.

Halman zakt door zijn knieën en reikt met zijn armen naar de buitenkant van de thuisplaat, alsof je in een reflex bukt om een gevallen verhuisdoos op te vangen. Een beetje zoals zijn vader veertig jaar eerder deed.

Strike out.

'Hij wist dat het een keer ging gebeuren,' zegt de tv-commentator berustend, teleurgesteld misschien.

Op zulke momenten vult een woonkamer in Haarlem zich met het geschreeuw van twee mannenstemmen.

'Hij slaat geen moer,' roept Eddy.

'Pap, het zijn kut pitchers,' reageert Jason, 'ze durven Greg geen bal te gooien.'

Je gaat het pas zien, als je het doorhebt.

Inmiddels vragen ook de Amerikaanse kenners zich af of hij die strike-outs wel uit z'n spel gaat halen. Kun je ooit ontkomen aan iets wat zo ingebakken zit in je karakter: altijd maar voluit willen gaan, hard willen slaan in plaats van met je hersens op standje geduld te wachten op de goede bal? Darren Brown, op dat moment de manager van de Mariners, ziet vooral onvervuld potentieel. Uiteindelijk was Gregory nog maar net 23 jaar oud op de dag dat hij debuteerde. Vaak moeten spelers tot na hun vijfentwintigste rijpen eer ze doorbreken. Zeker spelers uit Europa hebben lang de tijd nodig om uit te groeien tot Major League-spelers.

'Hij probeerde ballen te slaan die hij waarschijnlijk had moeten laten gaan,' zegt manager Brown, 'dat zien we bij veel jonge slagmensen. Soms moet je wachten tot iemand het trucje doorheeft, of hij dat nu doorheeft op z'n 25ste of z'n 26ste. Als je kijkt naar de kracht en de snelheid die hij had: dat kun je iemand niet aanleren. Hij had de kans om een goede speler te worden.'

Schroeven

De droom werd ruw verstoord.

In april 2011 raakt een bal niet zijn knuppel, maar zijn linkerhand. Het seizoen is pas vier wedstrijden oud. De breuk wordt gerepareerd met schroeven en een plaat. Hij staat zes weken langs de kant terwijl z'n concurrenten een plek in de hoofdmacht opeisen.

'Ik voelde me zo goed en zelfverzekerd, had echt zin om te spelen. Na die breuk voelde ik me down. Zo'n blessure is een kras in je zelfvertrouwen, het doorkruist mijn plan voor dit jaar. Ik probeerde er snel beter uit te komen en niet te zeuren. *What doesn't kill you makes you stronger*, zeggen ze hier.'

Hij werkt aan zijn herstel op het trainingscomplex

van de Mariners in Arizona. Een Nederlandse collega ziet 'm in de sportschool. Gregory komt daar graag, zelfs na wedstrijden zien ploeggenoten hem met gewichten slepen. Halman is in Arizona wat op zichzelf, maar als hij doorheeft dat er nog een Nederlander is, komt hij los. Hij vertelt dat 2011 ondanks de blessure zíjn jaar zal worden en dat hij zich geen zorgen maakt over zijn toekomst als speler. Gregory houdt de Nederlander voor dat je maar één kans hebt en dat je die moet pakken.

'Je hebt me nog nooit zonder shirt gezien?' vraagt hij plots aan z'n jonge clubgenoot. Dat klopt. Gregory's shirt gaat uit. De landgenoot kijkt met verbazing. Spieren. Geen vet. Het perfecte lichaam. Intimiderend bijna. Een beetje zoals Usain Bolt, denkt de Nederlander.

Onder dat pantser van spier en tatoeages knaagt wel degelijk een licht gevoel van onzekerheid.

Z'n moeder zoekt Gregory op.

Hij belt met Jason.

'Mijn broer Jason en ik zijn heel erg close. We zijn *best friends*. We bellen vaak, we praten zoveel met elkaar,' zegt hij in 2011, 'je bent hier alleen, veel mensen begrijpen dat niet. Ze zien je alleen maar honkballen. Ze zien niet wat je elke dag moet opbrengen. We komen hier om één uur 's middags. Trainen *defense*, kijken video, gaan slaan. Het is een uitputtingsslag om jezelf op niveau te houden. Daarom was het goed om in die periode familie achter je te hebben, zeker je broertje.'

Op zijn kuit prijkt een groot kruis met de tekst 'Keep Faith'.

'Ik bid niet iedere dag, maar zeg wel voor iedere wedstrijd: "God geef me kracht." Ik geloof er gewoon in.' Of z'n familie katholiek, protestants of iets anders was, hij wist het niet. 'Dat maakt niet echt uit voor mij. Het is niet eens zo serieus. Ik probeer m'n leven zo goed mogelijk te leven. Ik weet dat God er in goede of slechte tijden voor mij is. Ik bedank hem voor iedere dag die ik heb.'

Binnen zes weken is hij terug op het veld.

'Greg geeft nooit op,' zegt zijn vader in 2011, 'hij gaat altijd door, hij is een sterke jongen.'

Bankzitter

Juni 2011. Op een klamme zomerdag in de Amerikaanse hoofdstad speelt Gregory tegen de Washington Nationals. Vanaf de bank ziet hij hoe zijn jeugdvriend Roger Bernadina doorbreekt bij de Washington Nationals. Zelf is hij een reservespeler voor een ploeg die al jaren matig presteert. Zijn meest opvallende moment die avond komt als hij moet toezien hoe het winnende punt over zijn hoofd het stadion uit wordt geslagen. Je zou enige reserve verwachten bij zo'n speler. Zeker in het profhonkbal. *Down to earth*, daar houden ze hier van. Keurige jongens die hard werken op hun voorhoofd hebben staan.

Gregory wordt gevraagd of hij een ster kan worden.

'Ik zie geen enkele reden waarom ik het niet zou worden,' zegt hij, 'ik weet gewoon hoe je dit spel moet spelen. Als je kijkt naar de atletische dingen die ik op het veld laat zien, al het talent dat God mij gegeven heeft en hoe hard ik er voor werk, dan moet dat kunnen. Dat is het enige dat ik daarover te zeggen heb. Daar hoef ik niet omheen te lullen. Dat is waar het op staat.'

Het klinkt een beetje als Lex Immers die zegt dat hij binnenkort bij Real Madrid wereldvoetballer van het jaar gaat worden. Ieder gevoel van onzekerheid gaat bij Halman verscholen achter een dikke laag mannelijkheid. 'Als je eenmaal je zelfvertrouwen verliest in dit spel, gaat alles fout,' zegt hij.

'Ik heb wel een goed idee over wat voor speler ik met een jaar of drie à vier kan zijn. Ik weet dat als ik iedere dag hard blijf werken en bijvoorbeeld let op mijn strike outs, dat die 35 homeruns geen probleem moeten zijn voor me.'

De jaren dat menselijke Popeyes als Barry Bonds en Mark McGwire de ballen over de hekken sloegen alsof het strandballen waren, zijn voorbij. De pitchers worden steeds beter en de tests voor verboden middelen steeds strenger. Met 35 homeruns word je vandaag de dag een ster.

'Je moet gewoon zelfvertrouwen hebben. Ik weet dat ik altijd goed ben geweest. Daar gaat het gewoon om.'

'Mensen kunnen zeggen wat ze willen. Niemand kan mij stoppen om de droom te halen die ik wil halen. Ik ben nog niet eens begonnen. We zijn nog lang niet klaar.'

'Dit is mijn leven, dit is het enige dat ik iedere dag heb gedaan, sinds de dag dat ik vier jaar was. Tot de dag dat ik niet meer kan spelen zal dit ook het enige zijn dat ik zou willen doen.'

2011

Als Gregory in de zomer van 2011 opnieuw wordt opgeroepen voor de hoofdmacht, ziet het ernaar uit dat hij iets heeft geleerd. Uit z'n eerste zeven slagbeurten van het seizoen schraapt hij zes honkslagen. Een *hot streak* noemen de Amerikanen dat.

Dave Daniels, z'n voormalig coach en Eddy's boezemvriend, is in de buurt als Gregory aan zijn seizoen begint. Daniels werkt voor de Chicago White Sox en staat bij de dug-out in Chicago als Gregory het veld op komt voor een wedstrijd tegen de White Sox.

Een jaar of tien eerder liep hij nog met Gregory in het Pim Mulier Stadion in Haarlem. 'Op een dag speel ik in de Major League,' zei de tiener toen. Daniels, destijds zijn coach, had het mannetje aandachtig in zich opgenomen. Toen al groot en sterk als zijn vader. 'Ik denk ook dat je dat gaat doen,' had hij beslist gezegd.

Tien jaar later hebben de twee mannen elkaar al even niet gesproken, vanwege een ruzie over Jasons transfer naar een Amerikaanse school die niet doorging. 'We hadden tranen in onze ogen. We hadden een tijd niet met elkaar gepraat. Alles verdween toen hij het veld op kwam. Hij zei "oom". Dat ene woord was genoeg om het goed te maken.'

Daniels ogen dwalen even af als hij de herinnering ophaalt.

'Dat was de laatste keer dat ik hem in leven zag,' zegt hij dan.

Eerste homerun

Het mooiste moment delen ze samen.

Eddy en Jason vliegen naar Seattle. Gregory betaalt alles. De hotelkamer tegenover het stadion, de vlucht. Jason en Eddy lopen over de brede omgang van Safeco Field. Ze zien de tienduizenden groene stoelen en de talloze eettentjes. Eddy is onder de indruk van het grote stadion. In het buitenveld schreeuwen Eddy en Jason naar Gregory. Hij maakt een gebaar achter zijn rug met zijn handschoen, als teken van herkenning. De mannen voelen zich koningen.

Op 15 juni, in de tweede helft van de achtste inning, houden ze hun adem in als Greg aan slag komt. Rich Thompson, werper van de Los Angeles Angels, staat klaar om te gooien.

'Als er een fastball komt dan is hij nu weg boy,' zegt Eddy tegen Jason.

De bal komt en de knuppel maakt *dat* geluid (*Twááck*). Een line-drive. Net over het hek in het midveld. Gregs eerste homerun.

Jason Halman schreeuwt het uit.

Eddy Halman kan zijn tranen niet bedwingen. Voor even is alle ellende vergeten. 'Het was geweldig. Een homerun in dat grote stadion. Ik was zo trots op Greg, ongelooflijk. Zo ken ik hem van kleins af aan. Die homerun was voor mij het bewijs dat hij op dit niveau thuishoort,' zegt vader Halman later dat jaar.

In Nederland gaat de telefoon. Dave Daniels neemt op.

Op de achtergrond hoort Daniels het publiek. Op de voorgrond luid gehuil. Daniels herkent Eddy.

Hij is ongerust: 'Ik verwachtte altijd slecht nieuws, omdat er zoveel shit was gebeurd in het verleden.' Dan hoort hij door de tranen heen de woorden 'Greg' en 'eerste homerun'. Thank God, denkt hij, goed nieuws.

Greg straalt van oor tot oor als hij na de wedstrijd geïnterviewd wordt.

'Ik wist niet zeker dat-ie eruit zou gaan,' zegt Greg na afloop tegen een tv-journalist, 'ik ben erg opgewonden dat-ie eroverheen ging.' Hij is dan nog maar 23 jaar.

'Ik verzeker je, dit zal de eerste van velen zijn,' kraait de blonde presentatrice.

Inspiratie

Hoewel Gregory nog maar net komt kijken in Amerika, is hij in Nederland al uitgegroeid tot een soort voorbeeldfiguur. Mythisch nog niet, veelbesproken toch zeker wel. Andere spelers willen wat hij doet en de Mariners zullen de komende jaren diverse Nederlanders aantrekken.

Kalian Sams kiest voor de Mariners mede omdat Greg daar speelt. Op zijn eerste dag in Amerika komt de Hagenees doodmoe aan in een hotel in Arizona. In de lobby zit Gregory klaar met een doos kippenvleugels en patat. 'Hij gaf om anderen en had zo veel energie, dat verspreidde hij over de mensen die hij lief had,' zegt Sams.

De mannen worden kamergenoten en vrienden.

Het valt Sams op dat Greg altijd voluit gaat. Waar andere spelers buiten het seizoen luieren, blijft Gregory hard trainen. 'Greg wilde altijd meer, was hongerig. Hij gaf nooit op,' zegt zijn vriend Roger Bernadina.

'Kalian, what the fuck, je gedraagt je als een bitch,' roept Greg tegen zijn vriend als die verzaakt.

'Het kon hem niet schelen wat je ervan dacht,' zegt Sams, 'hij wilde dat je er alles uithaalde.'

Op een van hun eerste dagen in Amerika staan Sams en Halman samen op het veld. Een dikkige Amerikaan komt op de jongens af.

De jongen ziet er oud uit. Een coach, denken Sams en Halman. Het is Joe Dunigan, een jonge, net gecontracteerde speler. De twee Nederlanders lachen. Dunigan kijkt verbaasd naar de zwarte jongens uit Nederland. Zijn er in Europa zwarte mannen? Dunigan, een jongen uit een slechte buurt in Chicago, voelt een band met Halman.

Kanker flikker.

Kanker donkey.

Dikzak.

Joe Dunigan lacht als hij de woorden jaren later moeiteloos opdreunt.

De twee vrienden worden er drie.

In het voorjaar van 2011 krijgt Dunigan een zoon. Terwijl hij in Arizona aan Spring Training meedoet, kruipt hij achter zijn laptop in een anonieme hotelkamer. In een kamer ver weg van Arizona houdt iemand een telefoon omhoog. De zojuist geboren baby wordt schoongemaakt. Het hoofd verschijnt. Greg is diep onder de indruk. Hij heeft de hele bevalling naast zijn vriend gezeten. Dunigan klinkt emotioneel als hij het verhaal later vertelt, en hij lacht als hij denkt aan wat volgde, zijn zoon nog maar een paar minuten oud: 'My son is gonna beat your son up,' zegt Greg. 'No, my son is gonna beat yóúr son up,' reageert de Amerikaan.

Op Dunigans verjaardag, 29 maart, gaan de jongens vaak samen op pad. 29 maart 2011 is de laatste keer. Ze spelen pool en drinken wat aan de bar. Het gesprek raakt geanimeerd. Ze noemen elkaar nigger. En nog een keer. En nog een keer. Zoals zij, stoere zwarte mannen, dat onderling altijd doen. Verderop aan de bar raakt een vrouw geïrriteerd, herinnert Dunigan zich. 'Als jullie het kunnen zeggen, kan ik het ook,' zegt de vrouw. Ze staat op en loopt naar de jongens toe. 'Nigger, nigger, nigger, nigger, nigger,' zegt ze snel. Dunigan wil dat het meisje stopt. Ze gaat door. De politie wordt gebeld. Deze keer komen ze niet voor Greg, maar voor het meisje aan de bar.

Teleurgesteld

2011 had het jaar van zijn doorbraak moeten worden. Een paar homeruns zouden niet misstaan. Dat blijven er twee.

De Mariners sturen hem begin augustus terug naar Tacoma. Greg is erg teleurgesteld, heeft het gevoel dat hem tekort wordt gedaan. Dat andere spelers de kans wel krijgen en hij niet. Hoewel er nog tijd is – honkballers moeten tot hun veertigste meekunnen en Greg is met zijn 44 wedstrijden in de Major League nu al een van de succesvolste Nederlandse honkballers ooit – lijkt hij erg ongeduldig.

Als de laatste dagen van het seizoen naderen, hoopt Gregory op nog een kans. Die komt niet. Zijn lichaam vult zich met woede. Klote Mariners. Klote honkbal. Hij gaat terug naar Nederland. Even rust. Tijd met zijn broer doorbrengen. Daarna? Wie weet wat daarna komt.

5. In de voetsporen van een broer

De nieuwe ster heet Jason. Dat kan toch niet anders?

In 2001 mag hij met een Nederlandse jeugdselectie meedoen aan de Cal Ripken World Series, een soort officieus WK voor jeugdteams in Amerika. De Amerikanen vergapen zich aan de tengere en toch sterke Jason, dan nog maar twaalf jaar oud. Een soms wat stille jongen, verlegen misschien, met de vrolijke lach van een ster. Als de beste Nederlandse slagman mag hij z'n opwachting maken in de *homerun derby* en hij wordt pas in de finale verslagen door een fors uitgevallen Amerikaan. Een van de aanwezige begeleiders heeft het idee dat Jason expres minder goede ballen aangegooid krijgt om zo gezichtsverlies voor de Amerikanen te vermijden.

Een jeugdcoach kijkt naar hem en denkt dat hij het verder kan schoppen dan Gregory. De jongere broer begrijpt het spel misschien nóg beter. Daarbij lijkt hij nog wat soepeler dan zijn broer. Een fysiotherapeut ziet hem bewegen en is onder de indruk van zijn oog-handcoördinatie en lichaamsbeheersing.

Het echte hoogtepunt van het toernooi in Amerika is misschien wel de ontmoeting met een man die hij alleen van de plaatjes in zijn album kent: Cal Ripken Jr. De *iron man* van het Amerikaanse honkbal, die 2632 wedstrijden achter elkaar speelde zonder er één te missen, schudt Jason de hand, geeft hem een knuffel en een handtekening.

Over een paar jaar treedt Jason in de voetsporen van de prof voor hem. Dat staat bijna vast.

Alles lijkt mogelijk voor de jongen in het oranje shirt.

Thuisplaat

Je krijgt een Halman niet zomaar klein. Enkele jaren nadat hij is weggestuurd bij het EK in Rosmalen, is Jason uitgegroeid tot een van de beste slagmannen van de Nederlandse jeugdteams, ook al is hij vaak een stuk jonger dan de anderen. Ergens is de tengere jongen achtergebleven en veranderd in een brede catcher, formaat woonhuis. Achter de plaat zit een stoere *alpha male* met oorbellen, een gouden tand en een tatoeage. Hij is altijd gek geweest van catchen. Achter de thuisplaat heb je het beste overzicht en ben je bij iedere actie betrokken. De catcher is vaak een leiderstype die het ritme van de wedstrijd bepaalt door aan te geven wat de werper moet gooien. Een man zonder angst ook. Volwassen mannen gooien met honderdvijftig kilometer per uur een leren projectiel richting je hoofd.

Jason geeft de werpers zelfvertrouwen met zijn korte en krachtige uitspraken en stoere houding. Als een werper bang is om een curveball te gooien, die te vroeg op de grond kan komen en weg kan springen, moedigt hij de jongen aan om dat juist wel te doen. 'Ik heb 'm wel, ga uit van je eigen kracht,' is de boodschap. Hij is een goed tacticus en lijkt altijd precies te weten welke bal nodig is om een slagman in de luren te leggen. Hij lijkt naar de rol van leider te hunkeren.

Zijn taal is die van de straat. Korte zinnen waarin de persoonsvorm soms ontbreekt. Een van zijn ploeggenoten moet aan een bazige oude man denken, als hij aan Jasons spraak denkt. Hij is gek op zijn familie. Een Mexicaanse ploeggenoot laat zijn oog vallen op Jasons knappe jongste zus Eva. Jason stapt op de jongen af. 'Kijk wel uit wat je doet hè, want ik pak je,' zegt hij. De jongen denkt niet dat Jason een grapje maakt.

Waar de andere tieners het voorzichtig over hun eerste zoen hebben, lijkt Halman de vrouwen al als een volwassen playboy om zijn vingers te winden. De komende jaren zullen ploeggenoten hun ogen uitkijken naar de dames die hij schijnbaar moeiteloos naar zich toetrekt. Vaak wat stoerdere, stadse types die niet op hun mondje zijn gevallen.

Bij het WK junioren is hij een jaar of drie jonger dan de andere spelers in het team. 'Jason was volwassener dan de pubers in ons team,' zegt jeugdcoach Brian Finnegan, 'hij was geen puber meer, hij was veel ouder dan vijftien jaar. Jason was een *man child*.'

Dat moet de geschrokken Mexicaan ook hebben gedacht toen hij Jason zag.

Het Nederlands jeugdteam is in Monterrey, Mexico voor het wereldkampioenschap. 's Avonds glippen Jason en zijn ploeggenoten het hotel uit om het nachtleven in te duiken. Overdag spelen ze in een gigantisch stadion.

Brian Finnegan herinnert zich hoe Jason een bal over de hekken op een achter het veld gelegen weg sloeg. Hij raakte een oude Buick. De auto stopt. Een corpulente, kleine Mexicaan van een jaar of vijftig komt het veld op. Hij maakt veel lawaai. 'Wie heeft dat gedaan?' 'Hoe kun je dat doen?' Nu hij op het veld staat, ziet de man hoe ver de bal geslagen is. Hij lijkt onder de indruk. Dan ziet hij de tiener met de tatoeages. 'No hay problema,' hoort Finnegan de man zeggen. Geen probleem.

De betere spelers in een team lopen vaak met Jason weg, terwijl de mindere goden angst voelen of in ieder geval minachting. En zelfs die gevoelens zijn niet met zekerheid vast te stellen. Jason speelt graag spelletjes, houdt ervan om zich een beetje van de domme te houden, wachtend op een reactie, om dan met een slimme, onverwachte opmerking terug te slaan. Veel mensen zijn verbaasd door de intelligentie die verborgen zit achter het stoere schild.

Ploeggenoot Joey Eijpe: 'Je hoefde niets verkeerds tegen hem te zeggen, dan werd hij een beetje boos en zeikte hij je helemaal af. De wat mindere spelers waren in principe bijna altijd de lul.' Sommigen hielden uit voorzorg liever hun mond als hij in de buurt was en vonden hem een arrogant mannetje. Anderen zijn zelfs bang na de verhalen over eerdere gewelddaden van hem en zijn broer. Z'n gangstervoorkomen helpt niet echt om dat beeld bij te stellen.

'Hij had een kort lontje, was gauw geïrriteerd, voelde zich snel gediscrimineerd,' zegt de coach van Kinheim, Gerard Stenzler. Stenzler ziet dat de catcher sneller agressief is als hij bij z'n vader verblijft. 'Daar wordt zo'n jongen toch door beïnvloed, gesteund. Dan is het gauw van je afbijten, ook als het niet nodig is. Het was echt geen kwaaie jongen, maar hij is makkelijk te beïnvloeden. Als je op het verkeerde pad bent en je neemt hem mee, dan is hij binnen no time ook weer op het verkeerde pad.'

Tegelijkertijd is hij een grappenmaker die bijzonder scherp is in discussies. Een teamspeler die ervoor zorgt dat al z'n ploeggenoten een hamburger krijgen als hij honger heeft. Als hij met z'n ploeggenoten naar het zwembad gaat, staat hij erop dat ze met z'n allen het water ingaan. Dat was overigens nadat z'n ploeggenoten bij een eerder uitstapje hun lachen moeilijk konden inhouden toen ze merkten dat hij het enkele meters boven de grond al in z'n broek deed. Hoogtevrees.

Wordt er een geintje uitgehaald, dan is de kans groot dat Jason het middelpunt is. 'Het was moeilijk om hem op de kast te krijgen, want hij is de grootste fucker van allemaal,' zegt Maxim Picauly, 'je moet echt wel een dikke muur door, voor je eigenlijk een beetje respect verdient, waardoor je normaal met hem om kunt gaan.' Jason lijkt zijn imago te koesteren, het zorgt ervoor dat alleen de mensen van wie hij echt houdt, dichtbij komen. Creëert een veilige binnenwereld en een op afstand te houden buitenwereld. Als je eenmaal binnen bent, lijk je meer dan gewoon een vriend. Familie haast.

'Als ik jou heb, heb ik niemand anders nodig,' zegt Jason tegen een van z'n beste vrienden, Jeffrey Arends. Het voelde goed om iemand in de buurt te hebben die hij kon vertrouwen. Arends wordt aangetrokken door Jasons energie en vrolijkheid. Ze zien elkaar bijna iedere dag en kennen elkaar zo goed, dat ze eigenlijk van tevoren al wisten hoe de dag samen eruit zou zien. Niets ingewikkelds.

Beetje kletsen. Rondhangen. Lachen. 'Wij hielden, en vooral Jason, gewoon heel veel van simpele dingen,' zegt Arends, 'samen zijn, gezelligheid, vertrouwdheid. Alles wat we met Jason meemaakten, vooral mensen die hem goed kenden, was alleen maar vrolijk. Er was nooit iets negatiefs of iets slechts. Elk moment dat je in zijn buurt was, was het een en al lol. Het was gewoon onmogelijk om in zijn buurt te zijn en niet aangetrokken te worden door zijn energie, zijn vrolijkheid.'

In het bijzijn van mensen bij wie hij zich veilig voelde, veranderde het machomannetje, dat zich sterk verbonden voelde met de Antilliaanse cultuur in de honkbalkleedkamers en strooide met 'Hey swa', in een kalme en beleefde jonge man die veel meer van de Nederlandse cultuur had. 'Dat is denk ik een kant die op dat moment niet heel veel mensen hebben gezien,' zegt Picauly, 'hij doet zich manser voor dan hij is.'

Tijdens het jeugd-WK in Mexico wordt Jason uitgeroepen tot de beste catcher. Hij laat de kans niet voorbijgaan om daar tegen z'n ploeggenoten nog eens lekker over op te scheppen.

Maar de trip naar Mexico is niet alleen maar positief. Jason en enkele ploeggenoten hebben namelijk de wenkbrauwen van een medespeler afgeschoren, herinnert Picauly zich.

'Toen had je de poppen aan het dansen,' zegt hij. 'Ouders vonden het niet normaal, die wilden een rechtszaak. Eerst kon ik er wel om lachen, maar het was echt een rotstreek. We waren gewoon mannetjes.'

Picauly herinnert zich dat er bij de eindevaluatie van het toernooi over een schorsing werd gesproken, maar dat die nooit werd doorgezet: 'Toen hebben we maandenlang helemaal niks gehoord. Daar bleef het op een gegeven moment bij. In januari werden we pas weer uitgenodigd voor het Nederlands team onder 18.'

Samen

De vraag is niet of, maar wanneer de scouts hem vastleggen.

'De top halen in baseball is wat ik wil,' zegt hij in 2005 tegen het *Haarlems Dagblad*, 'zelfs als ik niet train of speel denk ik aan honkbal.'

Vader Halman noemt zijn zoon in hetzelfde artikel 'een soft baby die het zeker gaat maken'.

Begin 2006 vliegt Jason naar de Seattle Mariners in Arizona. Twee weken lang is het leven weer zoals het vroeger was. Honkballen met zijn broer en beste vriend van 's ochtends vroeg tot 's avonds laat.

Jim Horner, een dan net gestopte oud-prof, ziet de catcher het veld opkomen en neemt hem onder handen. Horner ziet een ander lichaam, niet de hoge kont en de lange benen van Greg, maar een wat meer gedrongen lichaam. 'Zijn catchen was oké, maar met de knuppel was hij een beetje zwak. Het was moeilijk,' zegt Horner, 'je wist wie Greg was, hij sloeg niet als Greg. Hij was een ander type, meer gebouwd als een catcher.'

'Dit smaakt naar meer,' zegt Jason tegen het *Haarlems Dagblad*, 'het is ontzettend goed bevallen. [...] Ik heb wel het idee dat Seattle tevreden was over mijn prestaties tijdens de try-out. Ik heb in ieder geval een goed gevoel aan de trip overgehouden.'

De Mariners doen een bod van rond de 50.000 dollar op Jason, dat door Eddy wordt afgeslagen. Hij wil meer geld zien en de aanbiedingen van andere clubs afwachten.

'Greg was teleurgesteld dat de Mariners Jason niet namen. Hij wilde altijd het beste voor zijn broer. Altijd. Ik denk dat hij het meer wilde dan Jason door had. Greg wilde dat Jason dezelfde kansen kreeg die hij had,' zegt gastmoeder Cathy Chapman. 'Ik geloof dat hij een oogje in het zeil hield voor Jason, hij was zijn beste vriend, zijn mentor. Ik denk dat hij wist dat er iets met Jason aan de hand was. Hij wilde mij nooit zeggen dat er iets mis was.'

Als Greg het niet meer over z'n broer wil hebben, verandert hij simpelweg van onderwerp.

Gelukkig komen er nog genoeg kansen. Een trainingskamp in Italië voor de grootste Europese talenten en het wereldkampioenschap voor junioren. Een van die podia moet genoeg zijn om een contract af te dwingen.

'Jason wilde in Gregs voetsporen treden,' zegt Eddy.

Kamp Italië

Op een kans volgt vaak nog een kans.

Italië. Augustus 2006. Jason krijgt de kans om zich tijdens een trainingskamp aan de Toscaanse kust te bewijzen voor het oog van Amerikaanse honkbalscouts. Europese talenten verzamelen zich hier. De besten krijgen een contract in Amerika. Na een dag op het kamp gaan de jongens het stadje in. Ze schoppen tegen een bal.

'Er waren twee Italiaanse jongens aan het knokken,' zegt de Nederlandse honkballer Joey Eijpe, 'hij stond er toevallig bij te kijken met de andere jongens van het kamp.'

De Nederlanders lopen niet weg. Ze stoppen en kijken.

'Het enige dat Jason deed is die jongens even uit elkaar halen. Jason heeft niets gedaan, geen klap uitgedeeld, niemand geprovoceerd,' zegt Eijpe.

De politie arriveert.

'Die pikte natuurlijk de grootste neger die er rondloopt, met allemaal tatoeages,' zegt Eijpe.

Jason moet zijn identificatiebewijs laten zien. Dat ligt op het kamp. Hij moet mee met de agenten naar het kamp.

De politie op bezoek, daar zitten de Amerikanen niet op te wachten. Daarbij heeft de man met de grote mond de schijn tegen. De kampleiding stuurt Jason naar huis. De volgende ochtend worden de jongens bij elkaar geroepen. De kampleider laat weten dat dit soort gedrag niet getolereerd wordt. Als het nog een keer gebeurt, mogen ze allemaal vertrekken.

Enkele jongens verdedigen Jason, maar het heeft geen zin. Zijn vrienden zijn er kapot van en hebben het idee dat Jason voor de zoveelste keer wordt genaaid.

De kampleider zou Jason gedreigd hebben dat hij nooit door een profclub vastgelegd zou worden.

Een Nederlandse honkbalofficial wordt verteld dat Jason met zijn vingers een pistool zou hebben gevormd en met zijn vingers een snijdende beweging langs zijn keel trok. Niemand heeft dat gezien.

Pa Halman ontploft bijna als hij de verhalen hoort: 'Ik wil niet zeggen dat mijn zoons engelen waren, maar de beste spelers zijn pittige spelers. Er is te snel over Jason geoordeeld.'

Hij ziet het resultaat van vriendjespolitiek. 'Mensen met kinderen die de top niet haalden waren jaloers op mijn jongens en wilden dat zij het ook niet haalden.' Zijn stem slaat over van woede als hij hierover vertelt.

Bij zijn club in Almere kijken ze verbaasd op als Jason eerder terugkeert uit Italië. Hij is kwaad. En nam het persoonlijk. Dat ze hem niet mochten, dat het daarom zo was gegaan.

'Fock it, ik heb hen niet nodig,' zegt hij tegen een ploeggenoot, 'ik doe het zelf wel.' De ploeggenoot denkt dat Jason diep van binnen wel beter weet. Een andere ploeggenoot hoort Jason zeggen dat zijn droom is afgepakt.

De leiding van het Nederlands jeugdteam gooit Jason uit de ploeg.

Hij mag in 2006 niet mee naar het WK in Cuba. Weg kans om zich te bewijzen voor de profscouts.

Hoofdklasse

Je ziet pas hoe groot de schoenen van je broer zijn als je in zijn voetsporen moet treden.

Als zestienjarige maakt Jason in 2005 zijn debuut in de hoofdklasse. Kinheim geeft hem nog geen kans in het eerste team en hij wijkt uit naar Amsterdam. Daar is hij tweede keus als catcher, international Tjerk Smeets zit voor hem, en speelt hij noodgedwongen ook in het buitenveld. Na een aardig eerste seizoen – zeker voor een 16-jarige – begint hij aan een zwerftocht, een beetje als zijn vader dertig jaar eerder. Het volgende seizoen speelt hij bij Almere, ook als reserve-catcher. Een jaar later duikt hij op bij ADO in Den Haag. Na een matig seizoen voor hemzelf en het team, is hij weer vertrokken. Jason keert terug naar Kinheim en is in meerdere opzichten terug bij af. Hij is de eerste drie jaar van zijn hoofdklasseloopbaan niet beter gaan slaan, maar slechter. In hetzelfde jaar dat zijn broer definitief doorbreekt in Amerika, is Jason bankzitter bij de club waar hij als kind begon.

In 2009 groeit hij alsnog uit tot een van de gevaarlijkste slagmensen. Geen homerunhitter als Gregory, wel iemand die een hoog gemiddelde bij elkaar mept. Hij is een stuk geduldiger in het slagperk dan zijn vader en broer, en gaat veel minder vaak strike out. In 2011 is hij in veel aanvallende categorieën in de top tien te vinden. Hij slaat zelfs de meeste twee-honkslagen. Wat er aan ontbreekt is snelheid: als hij naar het eerste honk rent, lijkt het alsof hij een piano op zijn rug draagt. Zijn vader noemt hem plagend een schildpad. Achter de plaat laat Jason net iets te vaak een bal schieten.

Diverse ploeggenoten beschrijven hem als een zachtaardige en redelijk serieuze jongen die indruk maakte met zijn natuurlijke aanleg. En je kon met hem lachen. Jason hield niet van koud vlees. Hij bestelde carpaccio en leek verbaasd. Jason schaterde het uit toen een ploeggenoot rauwe eieren moest eten na een verloren weddenschap. Hadden zijn ploeggenoten een nieuw kapsel nodig, dan pakte Jason de schaar en hielp ze een handje. Net als zijn broer dat in Amerika deed. Belangrijk in de kapperstijl van de Halmans waren de strakke lijnen in het haar en de keurig bijgewerkte bakkebaarden.

Een profloopbaan lijkt ver weg, hij laat de teleurstelling daarover aan zo min mogelijk mensen blijken. Sommigen geloven dat Jason zich erbij neer heeft gelegd dat hij Amerika nooit zal halen.

'Als ik het niet haal, dan haalt mijn broer het wel,' zegt hij tegen een ploeggenoot.

Van buiten lijkt Jason er altijd zin in te hebben als je zijn interviews uit die jaren terugleest. De mensen die van dichtbij kijken, zien een subtiel verschil. De blessures, die weinig wintertraining verraden, het laten lopen van ballen die hij eigenlijk moet hebben.

'Z'n enthousiasme kon wat groter zijn,' zegt Wim Oosterhof, een Kinheimer die de jongen jaren zag spelen, 'hij had niet de mentaliteit om er honderd procent voor te gaan.'

Zijn ouders volgen intussen iedere stap. Eddy staat soms langs de lijn en kan plots verdwenen zijn als de prestaties van zijn zoon 'm niet zinnen. Moeder Hanny, de grootste fan van haar kinderen, is er bijna altijd. Om het voor hem op te nemen als hij ergens niet is verschenen of als hij bij de selectie van Oranje buiten de boot valt. Dat doet ze trouwens ook voor Gregory en haar basketballende dochter Naomi als het nodig is.

Gregory hield altijd een oogje in het zeil. Als hij zelf niet bij Jason kon zijn, dan vroeg hij aan Jeffrey Arends om op Jason te letten. Tijdens buitenlandse toernooien was het niet ongebruikelijk dat ergens in de wereld een telefoon ging: Gregory, op zoek naar zijn jongere broer. Hoe het was gegaan? Of hij nog tips nodig had? Niemand die er wat achter zocht.

Darkness

Jason was gek op muziek, van alles, maar vooral toch rapmuziek. Stoer. Hard. Liefdevol. Intelligent soms.

Hij draaide de stereo nog een beetje verder open. De tonen van rapper Twista vulden de woonkamer. Heerlijk vond hij dat. Zware beats. Stoere songs over een man die een vrouw zal verwennen, hoe je schoonheid in het donker vindt. De thema's keren terug als een tegeltjespatroon. *Niggas* die niet met zich laten spotten. Gebrek aan respect. Mensen die misbruik van je willen maken. Loerend gevaar. Het einde van de wereld. Over bloed dat zal vloeien als je met een nigger fuckt. De woorden zoeken naar grootsheid in de overdrive, alsof de grenzen van het universum pas het begin van een megalomane droom zijn.

Er is altijd een vijand die je probeert te vernietigen.

'Tomorrow it's all about to be over
So I only live to serve ya
The dark is about to devour the earth'

Jasons debuut in Oranje

Haarlem. Zomer 2010. Jason staat op het punt om in Eddy's voetsporen te treden, 38 jaar nadat die op de Haarlemse Honkbalweek debuteerde. De zon schijnt boven het Pim Mulier Stadion aan de rand van Haarlem. Het geluid van geslagen ballen echoot tegen de muren van het knusse stadion. Jason hurkt achter de thuisplaat. De ballen suizen richting zijn handschoen. Hij heeft eindelijk een basisplaats als catcher bij Kinheim en nu gaat hij ook nog debuteren in Oranje. Pa Halman is in de buurt om zijn zoon te zien.

Lokale helden, altijd een goed verhaal voor de regionale omroep. Even twijfelt de verslaggever van RTV Noord-Holland. Het is midden op de dag, maar de man tegenover hem ruikt al naar drank. Kan die kerel zo wel op tv? Het interview gaat door. 'Ik heb mijn goede tijd gehad,' zegt Eddy, z'n kin licht omhoog, een glinstering in zijn ogen, 'ik kom hier om mijn zoon te zien produceren. Het talent dat ik heb achtergelaten aan hun.'

'Wie is er beter, vader of zoon?' vraagt de verslaggever.

'Ik denk dat ze moeten nog heel wat bewijzen om mij voorbij te gaan,' zegt Eddy, 'ze hebben de power. Ze hebben de swing. Misschien zijn ze nog knapper dan mij, maar voor de rest... ze moeten nog werken om mij te bewijzen dat ze beter dan mij was.'

Gregory is op dat moment hard op weg naar de Major League en Jason is een stuk sneller bij Oranje gekomen dan zijn vader destijds. De jongste zoon speelt het spel beleefd mee.

'Ik weet hoe goed mijn vader was,' zegt Jason, 'dus ik heb zeker nog heel wat te bewijzen. Misschien [komt er] een dag dat ik echt kan zeggen dat ik beter dan hem was, maar voorlopig heeft hij wel alle streepjes verdiend.' Kennis over wat gaat komen, maakt soms dat je naar het verleden wilt kijken voor een hint. Een verklaring voor wat later komt misschien. De clipjes van Jason maken je niet veel wijzer. Hij klinkt vriendelijk, sympathiek en beleefd als een modelprof. De jongen oogt monter, verlegen haast met kleine heldere ogen, smalle lippen, een stevige nek, licht uitstekende oren en een kalme uitdrukking op zijn gezicht. Een jongen waar je vast een leuke middag mee kunt beleven. Of een fijne nacht, zo je wilt.

Als dit een verhaal zou zijn over twee broers van wie de een minder talent heeft dan de ander, laat zich dat die dagen in Haarlem niet zien. Jason Halman ziet er indrukwekkend uit op het veld. De onderkant van z'n stevige onderarmen ingetapet, de bovenste helft voorzien van zwarte zweetbanden. Een tatoeage piept net onder de bedekking uit. Als hij slaat, leunt hij iets naar achteren, z'n voorste been gestrekt, z'n lichaam licht naar de plaat gebogen. In de samenvattingen zitten weinig rollertjes, veel rake klappen. Tegen Taiwan wordt Jason met een twee-honkslag en een indrukwekkende homerun de man van de wedstrijd. Hij neemt de complimenten van de verslaggever beleefd, haast ingetogen in ontvangst.

'Ik kan niet klagen,' zegt hij na afloop, 'ik weet niet, het gaat nu lekker, hoop gewoon zo lekker doorgaan.' Z'n ogen bewegen snel heen en weer, alsof hij iedere beweging van de interviewer registreert.

Nederland boekt een historische 10-0 zege op Cuba. Jason ziet die wedstrijd vanaf de kant. Als Nederland in de finale opnieuw de Cubanen treft doet hij wel mee, maar kan in vier slagbeurten geen potten breken.

Later dat jaar wordt hij tweede met Oranje op het EK en speelt hij weinig op de Intercontinental Cup, het officieuze WK. Arubaan Shawn Zarraga is de tweede catcher achter de onbetwiste nummer één, Sidney de Jong. Halman wordt slechts één keer als aangewezen slagman gebruikt in de wedstrijd tegen Thailand. (Waarin hij overigens indruk maakt met drie honkslagen en twee gescoorde punten).

De verloren finale tegen Cuba ziet Halman als bankzitter.

Met twee catchers voor zich en sterke jonge concurrenten in het veld, lijkt zijn weg naar succes bij Oranje lastig.

Droom

Het Nederlands team traint in de aanloop naar het seizoen in Florida. De tijd dat dit soort tripjes veredelde sportvakanties waren, is lang voorbij. Het team traint vaak twee keer per dag in de felle zon, terwijl het in Nederland sneeuwt. Jason wordt als *rookie* stevig aangepakt.

De kamer van de fysiotherapeut is een soort zoete inval. Spelers lopen af en aan. Jason is bijna dagelijks op de massagetafel van de fysiotherapeut te vinden. Anders dan zijn broer, die zag je er zelden.

De catcher heeft een pijnlijke schouder. De fysiotherapeut laat z'n handen over de dikke spieren glijden: stijf. Niets ernstigs. Hij herkent Jasons klachten als die van een speler die in de winter niet genoeg heeft gegooid.

Jason voelt dat het niet goed gaat.

'Ik kan net zo goed naar huis gaan. Wat doe ik hier nog,' verzucht de jongen.

De fysiotherapeut probeert 'm op te beuren.

Verderop staat de tv aan. Spring Training. Jason kijkt op. 'Dat is mijn droom,' zegt hij. De fysiotherapeut wil de jongen niet verstoren en knikt. Hij weet intussen wel beter. De droom is verder weg dan ooit.

In het voorjaar van 2011 moet Jason zich bij de bondscoach melden. Die zegt dat hij niet bij de selectie voor het WK in Panama zit. Hij slaat weliswaar beter dan de andere reserve-catcher, maar achter de plaat oogt hij soms kwetsbaar. Jason staat op. Geeft geen hand, zegt geen woord en verlaat de kamer.

Seattle zomer 2011

Dichter bij de Big Leagues komt hij niet. Jason ziet hoe Gregory zijn eerste homerun slaat. Het schuifdak is open. Jason stopt een pluk pruimtabak in zijn mond. Hij was altijd bijzonder handig met het goedje. Een suppoost komt langs. Greg heeft de bal net over het hek gejaagd. 'Hey, that is my son,' wijst Eddy. De vrouw weet genoeg. 'Maak je geen zorgen over de tabak,' zegt ze.

De speciale behandeling voelt goed. 'Iedereen wist dat wij er waren,' zegt vader Eddy. 'Wij telden ook mee.' Maar bij Jason knaagt er iets.

Panama

De dagen dat Eddy Halman met Oranje werd vernederd op het EK zijn lang voorbij. Het is hier, op een zwoele avond in Panama City, zelfs ondenkbaar dat Oranje 'The Never Wins' wordt genoemd, zoals honkballegende Tommy Lasorda ooit deed. Nederland staat in de WK-finale tegen 25-voudig wereldkampioen Cuba. Als de Cubaan Hector Olivera in de negende inning wordt uitgevangen, springen de spelers als dollemannen over het veld. 'We are champions of the World,' roept werper Rob Cordemans uit, 'are you fucking kidding me?'

Laatste kans

Diverse vrienden en familieleden hebben het idee dat Jason na Italië nooit meer een kans heeft gekregen. Eén twijfelachtig incident zou alles kapot hebben gemaakt. Misschien is het zo, misschien is het niet zo, maar kansen blijven er ook na Italië.

Een optie zou zijn om Jason bij een Amerikaanse universiteit onder te brengen om hem zo een kans te geven zich in de kijker te spelen bij de Amerikaanse scouts. Dave Daniels herinnert zich hoe hij met meerdere universiteiten contact had. 'Ik had een school in Arizona geregeld zodat hij tijdens Spring Training bij zijn broer kon zijn en ze elkaar zo nu en dan in de gaten konden houden. Greg deed zijn research en zei dat het een vreselijke school was. Ik schreef terug: "Dit is bullshit, we moeten Jason hier gewoon weg krijgen zodat hij een kans krijgt. We sturen hem niet naar school voor een opleiding. We proberen hem uit Nederland te krijgen zodat iemand hem kan zien spelen en hem een contract kan geven." Greg was daar helemaal tegen. Wat volgde waren vreselijke gesprekken tussen hem en mij. "Dit is dom Greg. Die kerel moet hier vandaan. Het enige dat hij gaat doen is in de problemen

komen als hij in Nederland blijft. Niemand gaat hem tekenen na dat gedoe in Italië. We gaan hetzelfde doormaken
als met jou. Waarom doen we dit niet?"'

Daniels klinkt gefrustreerd als hij het verhaal jaren later vertelt.

De geboren Amerikaan herinnert zich een laatste bod
dat hij namens de White Sox deed: 'Twintigduizend dollar, niets meer.'

'Ik weet niet wat er gebeurd is, maar Jason heeft nooit
gereageerd.'

'Dat was zijn laatste kans.'

Boos

Het is niet de eerste keer dat het gebeurde.

De nacht is al lang gevallen. Jason is op stap met zijn
Nederlandse honkbalvrienden. Een hecht groepje.

In het donker staat een clubje jongens. Jason wil ze
allemaal te lijf. De Arubaanse oud-prof Eugene Kingsale
stapt naar voren, hij kan altijd goed met Jason praten en hij
wil niet dat de kerels z'n vriend in elkaar slaan. Kingsale
steekt z'n armen onder Jasons oksels en houdt de jongen
vast als een bos sprokkelhout. Hij voelt de kracht van de
jonge catcher.

Normaal zou Gregory ingrijpen als Jason in de problemen kwam. Met een arm om de nek van zijn jongere
broer was hij Jason normaal gesproken makkelijk de baas,
maar dat kan nu niet. Greg is in Amerika.

Kingsale spreekt Jason toe in de ruwe taal van het eiland,
Bush English of *The Village Talk,* zoals ze het daar noemen.

Think of the consequences
Think of your family
Think of your brother
Don't do nothing stupid

'Hij deed stoer,' zegt Jason terwijl hij naar een van de jongens verderop gebaart, 'hij blijft praten.'

De jongen kalmeert langzaam.

Kingsale is wel wat gewend. Waar hij opgroeide was het óf honkbal óf een leven voor galg en rad. Wat hij nu ziet, baart 'm zorgen: 'Hij kon makkelijk echt boos worden, schreeuwen, verkeerde woorden zeggen. Iets geks doen. En hij stapt niet opzij. Er konden vier of vijf anderen staan, maar hij gaat gewoon. Het is een moedige jongen.'

Jaren later denkt Kingsale aan een bar in Aruba terug aan het voorval.

'Hij had echt hulp nodig,' verzucht de Arubaan.

6. Psychose

De eerste symptomen van een psychose vliegen je brein binnen als een zomerbries. Gedachten versnellen. Angst en depressie dringen zich op. Automatismen verdwijnen. Je zelfbeheersing neemt af. Relativeren lukt niet meer. Alsof je in het centrum van de wereld staat en alles om je heen erop gericht is om je te vernietigen. De vanzelfsprekendheid waarmee we alledaags gedrag begrijpen, verdwijnt. Oorzaak en gevolg lopen door elkaar als verwaaide lijnen in het zand. Negatieve gedachten gaan vooraf aan een psychose, maar versterken die ook.

Omdat we niet goed weten hoe het brein werkt, is het lastig om te zeggen hoe een psychose werkt. Het meeste denken we niet te weten. De ontwikkeling van een psychose is onvoorspelbaar, als het leven zelf.

Ongeveer een op de vijf gezonde mensen heeft op enig moment in zijn leven een psychotisch kenmerk, zoals bizarre ideeën of het horen van stemmen. Eén kenmerk maakt je niet automatisch psychotisch.

Als je vader een psychose heeft gehad, heb je aanzienlijk meer kans om ook een psychose te krijgen. Mensen die in het dagelijks leven niet agressief zijn, zijn dat in een psychose vaak ook niet.

Stemmen

Jason komt in oktober 2011 langs bij Kinheim om over contractverlenging te praten. Hij voelt zich somber en depressief en vertelt een stuk enthousiaster over de carrière van zijn broer dan over zijn eigen honkballoopbaan. 'Ik heb het goede gevoel niet meer bij Kinheim,' zegt hij tegen een van de aanwezigen, als toelichting op zijn besluit om naar Neptunus te gaan. Vreemd, denkt de man, het is toch een jongen van de Kinheim-familie. Ach, zo gek is de overstap ook weer niet. Bij Neptunus krijgt Halman waarschijnlijk iets meer geld. Bovendien woont de 22-jarige catcher tegenwoordig in Rotterdam, waar hij een HBO-opleiding Sportmarketing en Management aan de Hogeschool Rotterdam volgt, en spaart hij zo jaarlijks een paar duizend euro benzinegeld uit.

Jason vertrekt.

Het duurt een maand eer de Kinheim-man weer aan het voorval denkt. In de beginfase van een psychose hoeft een buitenstaander niets te merken. Het monster houdt zich gedeisd. De buitenwereld merkt het als Jason berichten op Facebook zet. Hij worstelt zich door slapeloze nachten heen. Tientallen berichten stromen online, als een emotionele vulkaan die uitbarst. 'Alleen maar omdat ik meer als mijn eigen broer wilde zijn,' schrijft hij half november. Diezelfde nacht zet hij het liedje 'Dear mama' van 2Pac online. De berichten blijven komen, soms tientallen in enkele uren tijd. Langzaam lijkt het alsof Jasons oogkleppen opengaan en de bizarre gedachten zijn hele bestaan overnemen. Hij zakt weg in mentaal drijfzand en merkt zelf dat er wat anders is, maar kan de psychose niet stoppen. 'snap er nix meer van... waarom duurd het bij mij zo lang... wat mis ik? k hoor altijd dat k anders ben waarom ben ik verbaasd,' schrijft hij. Negatieve gebeurtenissen overheersen in de berichten. Hartenkreten lijken het soms: 'was k maar niet nuchter maar ben alleen', 'het spijt me zusje hou zoveel van je'. In een ander bericht: 'wanneer maakt iemand me wakker?'

Jasons brein probeert wanhopig betekenis te geven aan de vreemde signalen en de onbelangrijke details die binnenkomen. De warrige verbanden ontstaan vanzelf, als in een droom. 'gucci muts gucci bril geen shirt alleen tats', schrijft hij op een dag, 'maar iedereen weet ik doe gek want ik mis mijn broer, dus ik krijg alleen liefde omdat ik mijn eigen broer mis? hoop niet dat je denk dat k onder de invloed ben ofzo hallicuneer misschien een beetje maarja best of both worlds will do that to you' De absurde inhoud van zijn gedachten valt niet te corrigeren en is onbegrijpelijk voor de mensen die zijn Facebookberichten lezen.

'maar iedereen denkt ik ben gek en ik heb al een week niet gegeten omdat ik bang ben voor neptunes,' schrijft hij op het social network, 'k schaam me voor me broer sorry broer maar ik hou te veel van haar. nu pas hebbe jullie door en dat doet jullie pijn mama ik hou niet meer van jou dan papa ook al kan k niet meer stoppen papa te zijn hij wist niet beter want hij deed express. wie houd er nu nog van honkbal?'

De stemmen in zijn hoofd zijn krachtig en dulden geen tegenspraak. Alsof niet zijn eigen brein, maar een onzichtbare ander tegen hem spreekt. De stemmen lijken hem overal te horen, en omgekeerd. Ze bedreigen hem, putten hem uit. Er zitten moordenaars in zijn hoofd, hoort Eddy zijn zoon zeggen. Vluchten kan niet, hij is de gevangene van zijn eigen geest.

Tussen de gekte nestelen gewone, rationele gedachten. Dat lijkt zelfs een van de problemen te zijn, dat psychotische patiënten net als gezonde mensen verbanden kunnen leggen. De buurman is bezeten door een heks. De heks moet dood. Ik ga de heks vermoorden.

Striatum

Wat er precies in de hersenen van een psychotische man gebeurt, weten we niet. De ongeveer 86 miljard zenuwcellen en de bijbehorende hersengebieden zijn moeilijk te ontrafelen.

Wel is duidelijk dat het striatum, een kleine grijze pudding diep verscholen in Jasons brein, overuren maakt. Zijn striatum wordt overspoeld met neurotransmitters, de chemische stoffen die signalen overbrengen tussen hersencellen. Met name de neurotransmitter dopamine stroomt het striatum binnen. Dopamine speelt een rol bij het richten van onze aandacht en bij beloning: ik gebruik drugs. Ik voel mij lekker. Ik wil meer drugs.

Normaal gesproken wordt de dopaminesluis dichtgedraaid als er te veel binnenkomt. In een psychose gaat de volumeknop omhoog en neemt het striatum onbeperkt dopamine op. Je wordt continu gestimuleerd om iets te doen met de inkomende signalen. Het onderscheid tussen belangrijk en onbelangrijk vervaagt. Alles wat binnenkomt lijkt belangrijk en betekenisvol. Als je drie rode auto's ziet en daarna drie groene is dat een verborgen code.

Toeval bestaat niet.

Bijzaken worden hoofdzaken.

De gedachten versnellen.

De balans is zoek.

De rem is kapot. Je brein slaat op hol.

Blowen verhoogt de hoeveelheid dopamine.

Ooit ontdekten wetenschappers per toeval dat het afremmen van dopamine in het striatum zorgt voor een afname van psychotische wanen en hallucinaties. Zo werken anti-psychotica nog steeds. De dopamine-activiteit wordt geremd. Onbelangrijke signalen zullen minder afleiden. Rust keert terug. Die methode is precies als een schot hagel. Wanen kunnen door anti-psychotica verdwijnen, maar tegelijkertijd worden alledaagse activiteiten als televisiekijken, seks en sport minder leuk. De emoties vervlakken. Niet lachen. Niet huilen. Je raakt een beetje gedempt.

7. De daad

November 2011. Dit zou de beste tijd van het jaar moeten zijn voor Gregory en Jason Halman. Samen bij Kinheim trainen en in de duinen aan zee. Samen naar de disco in Rotterdam. Geen minuut lijken ze van elkaars zijde te wijken. 'Anderen begrijpen vaak niet hoe close de broers met elkaar waren,' zegt Jeffrey Arends. 'Ze waren één. Ze zeiden niet "ik ga eten", maar altijd "wij" gaan eten. Niemand kon tussen die twee komen.' Hij herinnert zich hun hartelijkheid, dat ze altijd voor hem klaarstonden. 'Als ik vroeg of ik de auto mocht lenen, kreeg ik die meteen mee. Als je Jason vroeg om te helpen met verhuizen, stond hij vijf minuten later op de stoep.'

Begin november is de European Big League Tour in Nederland. Profs uit de Major League geven training aan Nederlandse kinderen. De Amerikaanse ster Prince Fielder is er, net als Gregory en zijn collega Rick van den Hurk. In het Amsterdamse Barbizon Palace wordt een diner georganiseerd. De organisatie heeft al een stoel voor Jason klaarstaan. Hij is er immers altijd bij.

Jason voelt zich een mislukkeling vergeleken bij de Major Leaguers.

Zijn stoel blijft leeg.

Rick van den Hurk vraagt Gregory waar Jason is.

'Dat leg ik je later nog weleens uit,' zegt Gregory.

Z'n toon maakt doorvragen ongemakkelijk.

Biefstuk

Jason rijdt naar Haarlem, naar het huis in de Wouwermanstraat waar hij vroeger ballen in de aangrenzende tuinen sloeg. Hij eet liever bij zijn moeder dan met de profs
in Amsterdam. Biefstuk met sperziebonen.

Gek, denkt Hanny, normaal is hij meer van de spare-
ribs. Hij had haar verteld dat hij eigenlijk al vier jaar dood
was. Het wordt nog erger.

Tijdens het eten vloeien zijn woorden als een emotionele rivier. Hij springt van de hak op de tak. Dat hij altijd
het broertje van zou blijven. Dat hij mislukt was als honkballer.

Een week later belt hij zijn moeder 's nachts op. Hij
praat. Hij huilt.

Later die nacht stuurt hij haar een sms-bericht: 'Sorry
dat ik huilde, dat was niet nodig.'

5 november 2011

In een zaal in Utrecht drentelen kinderen nerveus rond
Gregory. Het is de eerste dag van de European Big League
Tour en de kids lijken ieder woord van de Haarlemmer
in zich op te zuigen. Van de teleurstelling over zijn Amerikaanse seizoen of van de zorgen om zijn broer laat hij
niks blijken. Wat hem buiten het veld kwelt, lijkt hij op
het veld vaak te vergeten.

Mannen die Gregory nog van vroeger kennen, kijken
elkaar verbaasd aan. Is dit dezelfde jongen als die etterbak
van tien jaar terug? Ze zijn diep onder de indruk van de
passie die hij uitstraalt en het gemak waarmee hij met de

kinderen omgaat. Waar een enkele Amerikaan erbij staat alsof hij zojuist een zure appel heeft gegeten, moet je Gregory bijna van het veld trekken. Hij vertelt de jochies dat ze dromen moeten hebben. En hoe hij soms van zijn benen valt na negen innings in het verreveld, maar hoe je dan toch klaar moet staan om die ene bal te vangen. Hij wordt omringd door spelers van het Nederlands team.

Vanaf een balkon kijkt Jason toe. Hij ziet de jongens die hij vroeger met gemak de baas was.

Kampioen

11 november. Grote Markt. Haarlem. Honkballers dansen op een podium voor het oude stadhuis. 'We are the champions,' schalt over het plein. Op het podium staan Jasons vrienden. Hij is gepasseerd en achtergelaten.

Een paar dagen na de huldiging in Haarlem wordt Jason gebeld door bondscoach Brian Farley. De Amerikaan nodigt Jason uit voor een teammeeting. Jason zegt dat hij andere dingen te doen heeft. De coach is verbaasd. Liever had hij het slechte nieuws persoonlijk verteld, maar dan moet het nu maar door de telefoon: Jason raakt zijn A-status als topsporter kwijt. Weg maandelijkse toelage. Jason is officieel topsporter af. De catcher laat weinig emotie blijken. Ze hangen op.

Terug

13 november 2011. Gregory komt terug van de European Big League Tour. In Tsjechië en Italië keken kinderen tegen hem op. Zo wilden ze ook worden. Van buiten lacht

hij, van binnen is hij teleurgesteld in de Mariners, teleurgesteld dat hij zijn seizoen in de Minor Leagues moest afsluiten. 'Greg had een klap gekregen,' zegt vader Eddy, 'Greg was bedroefd, had pijn. Z'n hart was gebroken, hij voelde zich misbruikt, vond dat Seattle hem de kans niet gaf.' Gregory vraagt zich af of hij een nieuwe kans krijgt op het hoogste niveau.

'Hij wilde niet meer terug. Hij wilde weg bij Seattle,' zegt Eddy.

Jason en Gregory zijn samen in het huis aan de Rotterdamse Jan Sonjéstraat. Buiten komen ze nauwelijks. 'Ik zag in die dagen twee broers die elkaar niet meer konden motiveren,' zegt Eddy, 'ze waren niet vrolijk. Ze waren helemaal leeg, hun energie was op. Het was triest om twee jongens te zien die geen zin hadden om ergens heen te gaan. Ze sloten zich op.'

Normaal ziet hij ze trots en blij door de stad lopen. Nu willen ze nergens naartoe.

'Greg, jij hebt het moeilijk. Ik heb het moeilijk. Ik zou voor jou doden,' hoort Eddy Jason tegen zijn broer zeggen.

'De jongens waren gewoon op, van zoeken naar rust in hun ziel,' denkt Eddy.

Jasons ogen stonden zwart.

Hij rook naar drank.

De muziek ging hard. Jason ging liggen. De stemmen trokken weg.

Jason vertelt zijn vader veel, normaal is hij niet zo spraakzaam.

Over de gewelddadige stemmen in zijn hoofd.

Hij ging onder de douche. De muziek ging weer aan. Hij ging nog een keer onder de douche.

Eddy dacht terug aan de dagen dat hij zelf door de straten van San Nicolas zwierf. De stemmen die hij hoorde, de gekte in zijn hoofd. Hij zag het terug bij Jason. Eddy denkt dat de jongen paranoïde is.

'Hij heeft de afgelopen jaren veel moeten slikken. Je kan een beetje drinken om het te drukken, maar na een tijdje, als het los komt, komt het los. Je kan alles doen wat je wil, maar de druk, de spanning komt naar boven.'

'Jason was op. Van de spanning, van de teleurstelling dat hij Amerika niet had gehaald en dat hij zijn A-status als topsporter kwijtraakte.'

Donderdag 17 november 2011. Neptunus begint de seizoensvoorbereiding. Een bevriende coach heeft een goed woordje voor Jason gedaan, anders had hij nooit naar de Nederlandse recordkampioen over kunnen stappen. Eerder had de club geen oren naar zijn komst. Te moeilijke jongen, heette het.

Jason spreekt onverstaanbaar, stuitert door het krachthonk en de krappe kleedkamer. 'Zijn ogen stonden leeg, het was alsof Jason er niet was,' zegt zijn teamgenoot Berry van Driel.

Nederlands, Engels en Papiamento vliegen door elkaar. Aan trainen komt hij niet toe.

Neptunus-coach Jan Collins, die met Eddy opgroeide op Aruba, hoort Jason verderop praten. Hij moet lachen. Die snelle manier van praten. Die stem. 'Verdomme, dat is Eddy man, precies dezelfde stem,' zegt de coach.

Hij roept Halman naar zijn kleedkamer.

'Ik ben blij dat ik voor jou mag spelen,' zegt Jason, 'mijn vader praat altijd over jou. Ik ga m'n best doen voor jou, ga wedstrijden winnen voor je.'

'Ik speel een jaar voor jou. En dan ga ik naar Amerika. Dan ga ik samen met Greg spelen. Ik ga voor Greg zorgen. Niemand kan met mijn broer. Die is voor mij. Ik hou heel veel van m'n broer. Niemand moet aan m'n broer komen. Als je aan m'n broer komt, heb je met mij te maken.'

Jason omhelst zijn coach. Dat doet hij normaal nooit, denkt Collins.

De catcher ruikt fris, geen alcohol, alsof hij net onder de douche is geweest.

Dinsdag is er weer een training, de mannen spreken af elkaar dan te zien.

Na afloop van de training gaat Jason naar huis. Z'n vriend Dwayne Kemp is erbij. De twee kennen elkaar al sinds hun jeugd en zijn eigenlijk altijd gek op elkaars gezelschap, behalve de laatste tijd. Maanden hadden Jason Halman en Dwayne Kemp niet gesproken, herinnert Kemp zich, tot ze elkaar half november 2011 weer zagen in het krachthonk van Neptunus. Volgens Kemp was er sprake van een 'miscommunicatie', zo'n geschil waarvan je maanden later niet meer weet waar het over ging. Eindelijk zouden de twee weer samen zijn als ploeggenoten. Jason vliegt Dwayne om de hals. Kemp is blij zijn vriend te zien, maar schrikt van de blik in Jasons ogen. 'Het was heel eng. Het was Jason niet zoals ik hem kende. Alsof je dwars door hem heen kon kijken.' Het zou de laatste keer zijn dat ze ploeggenoten waren.

In het huis van Gregory en Jason spelen ze 'Call of Duty' op de Playstation. Soms buigt Jason zich naar Kemp toe en vertelt dat hij niet te hard kan praten, anders zullen de stemmen in zijn hoofd het horen.

Jason raakt geïsoleerd in een wereld waar hij zelf nog nauwelijks chocola van kan maken.

Blowen

Greg ziet een verband tussen het blowen en het bizarre gedrag van zijn broer, blijkt later uit rechtbankstukken. 'Jay, je moet niet meer blowen weet je,' zegt hij tegen Jason. Buiten het honkbalseizoen rookten de jongens soms wel vijf joints per dag, kennelijk niet gehinderd door de geldende dopingregimes waar zowel Gregory als Jason onder vielen. Psychotische patiënten blowen vaak. De waas van wiet maakt de stemmen minder storend.

Dan lekt de kraan op nummer 17a, vertelt Jason later in de rechtbank. Het is een van de zeldzame keren dat ze het huis verlaten die dagen. In de winkel stopt Gregory bij een vitrine met messen. Z'n oog valt op een exemplaar waar het lemmet uit de greep klapt. 'Wil je er ook een?' vraagt hij aan z'n broer. 'Jay, koop er ook gewoon een,' zegt Gregory vervolgens. Jason doet wat zijn broer zegt.

De dokter

's Avonds krijgt Jason op verzoek van zijn moeder in Rotterdam een arts langs. De dokter kijkt naar Jason en vertrekt. De Halmans moeten de volgende ochtend hun eigen arts bellen.

Rond half twee zijn Greg en zijn vriendin, de vrouw in wie hij al jaren interesse toont, maar die hij volgens een vriend nu definitief het hof wil maken, gaan slapen. Jason kan weer niet slapen. Rond 4.00 uur loopt hij naar buiten, langs het briefje 'vergeet de sleutel niet' en dwaalt wat in de buurt. Misschien zoekt hij naar verlichting van de gekte die hem opjaagt. 'Ik dacht dat ik dood zou gaan... Ik was klaar om dood te gaan,' zegt hij later. Jason heeft z'n mooiste trui aangetrokken, een trui die hij van z'n broer kreeg. 'Zo wilde ik gewoon gevonden worden zeg maar.' Jason gaat nog niet dood.

Hij tikt berichten op zijn telefoon.

'I will never leave a brother behind again,' schrijft hij die nacht op Facebook.

Z'n laatste boodschap op die site: 'Unbroken hearts can't be broken without love but have fun trying.'

Praten

Het gebeurde snel.

Jason heeft de muziek hard aangezet. Een buurvrouw hoort een diepe bas. De muziek zorgt er mogelijk voor dat zijn gedachten wat onderdrukt worden. Gregory wordt wakker en loopt de trap af. 'Zet die kanker muziek uit,' roept Greg tegen zijn broer. 'Zo praatten wij altijd tegen elkaar,' zegt Jason later in de rechtbank. De muziek gaat zachter. De jongens praten verder. Bij de televisie draaien ze een joint. Wat er na het draaien van de joint gebeurt, zegt Jason niet meer te weten.

Even later loopt hij de trap op. Hij gaat de kamer van

Greg binnen en ziet Gregs vriendin. Hij roept tegen haar dat hij niet weet wat hij heeft gedaan.

Hij huilt.

Gregs vriendin ziet iets wat ze later een piratenmes noemt in Jasons handen.

Die handen zitten onder het bloed.

Ze denkt dat hij zichzelf heeft verwond. Dan rent ze naar beneden. Daar ziet zij Gregory, hij is in elkaar gezakt bij de bank. In zijn hals zit een wond.

De hulpdiensten vinden haar in de woonkamer, aan de linkerkant van haar vriend. Ze probeert het bloeden in zijn hals te stoppen.

Een centimeter

Als je twee vingers tegen de linkerkant van je hals aandrukt, voel je 'm zo: de halsslagader. Een van de grotere in het lichaam, ongeveer een centimeter in doorsnee, een centimeter onder de huid verborgen.

Niet diep genoeg voor het scherpe mes dat Gregory's huid op die plek doorboort. In de woorden van patholoog P.M.I. Driessche: '...Aan de hals links was een steekletsel, bij leven opgelopen door inwerking van uitwendig mechanisch scherprandig klievend en perforerend geweld. (...) Het huiddefect toonde een aspect als passend bij een eenzijdig snijdend voorwerp, zoals bijvoorbeeld een eenzijdig snijdend mes.'

De grens tussen leven en dood is dun. Een centimeter naar links of naar rechts en er was niets meer nodig geweest dan een pleister.

Nu wil het lichaam leven. Het hart voelt dat het harder moet werken om het weinige bloed nog rond te krijgen en gaat steeds harder pompen. Gregs bloeddruk daalt, zijn hartslag gaat omhoog. Hij wordt duizelig en warm. Zijn lippen trekken wit weg. Hij raakt buiten bewustzijn door een gebrek aan bloedvolume. Lucht zuigt aan in de gekliefde bloedvaten. In het lichaam zit zo'n vijf liter bloed. Bij de eerste slag spuit het eruit als water uit een geiser, daarna neemt de stroom langzaam af. Als Greg zo'n twee liter bloed verloren heeft, belandt hij in een hypovolemische shock. Met iedere hartslag komt de dood dichterbij. Greg zakt voor de grote spiegel in de woonkamer in elkaar.

In de bloedbaan bevinden zich geen pijnreceptoren. De enige pijn komt van de snee in zijn nek.

Een chirurg had weinig kunnen doen.

Maandag 21 november 2011

Om 5.33 uur gaat de telefoon bij de politie Rotterdam.

Een steekpartij in een woning, heet het in politietaal.

In de Jan Sonjéstraat hangt dikke mist. Politielichten flikkeren.

Op 17a wordt de deur ingetrapt van een bakstenen rijtjeshuis.

Ambulancebroeders rennen naar de tweede verdieping.

Op straat loopt een man.

Stilte

Doorgaans gebeurt er weinig in de Jan Sonjéstraat in de Rotterdamse wijk Middelland. Er is weleens wat drugsoverlast geweest in het huis op 17a, maar dat was bij de vorige bewoners. Eerder verwachten de buren iets op de nabijgelegen Eerste Middellandstraat, waar vaker 'gedoe' is, maar niet in deze straat vol studenten en immigranten, veelal rustige mensen op zoek naar een beter leven. Er klonk geluid rond half vijf. Niet van de bar rechts naast 17a, die is op dit tijdstip normaal gesproken al uren dicht, maar van een man. Hij bonsde op de groen-witte deur. 'Doe de deur open. Nu. Nu Nu,' klonk het luid. Er werd tegen de deur geschopt. Zo hard dat meerdere buren wakker werden. De man die voor de deur stond was zijn sleutels vergeten. Dat gebeurde wel vaker.

De overbuurvrouw schoof de lamellen opzij. Zij herkende de jongen. Vaak zat hij alleen in het open raam. Tatoeages all over. De laatste weken zag ze hem vaak met zijn broer. Soms waren ze met een grote man die vaak een sixpackje bier in zijn hand had. De jongens zeiden altijd zo vriendelijk gedag. Het was tijd om wat terug te doen, dacht de overbuurvrouw. Ze wilde hem een slaapplaats aanbieden en stond op het punt naar buiten te lopen. Toen zwaaide de deur aan de overkant open. De jongen werd door zijn broer binnengelaten. Jason liep naar de woonkamer. Gregory ging nog een verdieping hoger, naar zijn slaapkamer. Jason draaide de muziek in de woonkamer aan.

De overbuurvrouw viel ondertussen weer in slaap.

Na een tijdje schrikt ze wakker.

'Handen omhoog. Handen omhoog!' De overbuurvrouw is meteen klaarwakker. Ze schuift de lamellen opnieuw opzij. Een agent heeft haar wapen op een jongen in een rode capuchontrui gericht. De overbuurvrouw herkent Jason Halman. Hij staat voor zijn huis, staart voor zich uit, zijn armen langs zijn lijf. De lichten van de ambulances en politiewagens zetten de straat in een onheilspellend licht. Verder is het stil.

Jason reageert langzaam en wordt door de agenten meegenomen naar een politiewagen. Hij verzet zich. Een agent komt aanrennen. Jason voelt een knie in zijn rug. Hij belandt op straat.

'Niet slaan, niet slaan, het is een goede jongen,' roept de overbuurvrouw door het open raam. 'Houd je mond,' schreeuwen de agenten terug.

Jason krijgt handboeien om.

Hij begint hard te huilen.

Het geluid doorboort de stilte, vult door het open raam de woonkamer van de overbuurvrouw.

Zijn gehuil gaat haar door merg en been.

'Ik mis mijn broer,' roept de jongen uit. 'Ik mis mijn broer.'

'Ik ben alleen.'

Telefoon

Eddy wordt wakker van de telefoon. Gregs vriendin aan de lijn. Eddy kan niet geloven wat zij zegt.

Hij hangt op en belt Hanny.

'Jason heeft Greg gestoken,' schreeuwt hij.

Eddy herhaalt het. Hij zegt dat de politie bij het huis is.

Hanny kan het niet geloven.

'Ik ga naar Rotterdam,' zegt Eddy. Hanny zegt dat ze ook gaat en belt dochter Eva.

Terwijl Hanny de stad uit rijdt, kan ze alleen maar aan Jason denken. 'Wat is er in godsnaam aan de hand?'

Geen seconde denkt ze dat Greg zal overlijden.

Als Jason heeft gestoken, dan zal Greg hem vergeven, denkt Hanny.

Om kwart over zes die ochtend belt Hanny met haar oudste dochter Naomi. Naomi is in Italië.

Hanny begint te praten. Ze wil zeggen wat Eddy vertelde. 'Zeg het maar, wat is er met Jason?' antwoordt Naomi ongeduldig.

Hanny vertelt dat Jason Greg heeft gestoken. Naomi wist dat het niet goed ging met haar broer, eerder sprak ze anderhalf uur met hem. Hij huilde.

Eva's telefoon gaat. Eddy.

Hij vertelt dat Greg dood is.

Eva huilt.

Hanny en Naomi horen het.

God, als je bestaat, haal Jason dan ook, denkt Hanny in een fractie. Ze had dat weekend wel even aan de dood van een zoon gedacht, maar niet aan dit. Ze wil niet dat Jason dit kruis moet dragen. De gedachte verdwijnt bijna even snel als ie kwam.

Advocaat

Achter in de politieauto kan Jason Halman niet stoppen met praten. Hij vliegt van de hak op de tak. 'Ik heb 'm doodgestoken. Omdat hij een meisje had.'

'Omdat hij een meisje had. Ik heb 'm zeven maanden niet gezien. Nu is hij dood. Misschien is het beter zo.'

Jason moet er een zakdoek bij pakken als hij deze woorden in de rechtbank terughoort.

Op het politiebureau wordt hij de nacht van de moord overvallen door verdriet.

'Ik heb mijn broer neergestoken. Ik heb mijn broer doodgemaakt.'

'Ik wil niet meer leven, mati's. Geef me je pipa, dan maak ik mij dood,' zegt Jason tegen de agenten.

Dinsdag na de moord komt advocaat Frits Huizinga bij de gevangenis.

De bewakers lijken mee te leven met de jongen, iets dat Huizinga niet vaak ziet.

Jason zit in een kale isoleercel met kunststof muren. Groot en sterk. Naakt. De kleren van zijn lijf gescheurd.

Als de advocaat binnenkomt krijgt hij een high five van Jason. 'Hey Frits. Leuk dat je er bent. We gaan. Ik moet trainen.'

Huizinga kan bij Jason komen zitten. Hij aait hem over zijn bol. Het lijkt de advocaat alsof hij met twee of drie verschillende mensen zit te praten.

'Wanneer kan ik naar huis?' vraagt hij aan Huizinga. De advocaat gebaart dat dit nog niet kan. Jason registreert het antwoord nauwelijks, zo lijkt het. Jason praat, over honkbal, over zijn broer en over zijn toekomstplannen. Door de mist dringt soms het besef door dat zijn broer er niet is. Om snel op te lossen in de waanzin in zijn hoofd.

Herdenking

In de sporthal worden de toeschouwers gevangen door een wolk van emoties. Mensen zijn er dagen kapot van.

Eddy ziet de herdenking grotendeels vanaf het balkon op de tweede verdieping. Als Eddy een cameraploeg van de Wereldomroep te woord staat, is hij nauwelijks te verstaan. De drank verdooft de pijn.

Wendell Hato is onder de indruk van de opgebaarde jongen in zijn mooie pak.

'Hé, je moet honkballen,' wil hij tegen Greg zeggen, 'sta op.'

Alsof de jongen op de baar ieder moment op kan staan om te zeggen: 'Wat doen jullie hier? Ik lig te rusten, ik ga zo honkballen en jullie laten zien wat ik kan.'

Uit de speakers klinkt muziek. Michael Jackson. Rapmuziek. Tupacs 'I ain't mad at cha.' Het lied gaat over een zwarte jongen die de gevangenis overwint en beroemd wordt. Over hoe hij en een oude vriend uit elkaar zijn gegroeid. Hij houdt nog steeds van de vriend. Het refrein vult de hal, alsof een broer spreekt tot zijn broer.

I ain't mad at cha.
I ain't mad at cha.
I ain't mad at cha.

Begrafenis

Een lijkwagen stopt op begraafplaats Westerveld in Driehuis. Het bijrijdersportier zwaait open. Eddy Halman stapt uit. Meestal rijden familieleden niet mee met de kist, maar hij stond erop. 'Ik breng mijn eigen zoon weg,' voegt hij de begrafenisondernemer toe.

Eddy ziet een zee van rode petjes. Het moeten een paar duizend mensen zijn.

De lijkwagen rijdt de begraafplaats op. Hanny loopt achter de auto. Aan iedere hand heeft ze een dochter.

Voor de lijkwagen loopt een man van de begrafenisonderneming.

De aula is bomvol. De mensen staan tot aan de weg.

De flamboyante homerunkoning Jacky Jacoba staat aan de zijkant van het altaar. Hij schreeuwt bij het zien van de kist met de man die zijn opvolger had moeten worden. Jacoba wil een viezige Nederlandse vlag op de witte kist leggen. De kist begint te rollen. Eddy staat op. Hij loopt naar de kist en haalt de vlag eraf. Als zijn zoon al met een vlag wordt begraven, dan de Arubaanse, niet de Nederlandse.

Eddy neemt het woord. Hij spreidt zijn armen wijd. Hij houdt de A4'tjes voor zich en verscheurt ze. Alle frustraties borrelen op. Ruzies met de club. De bond. Een van de aanwezigen schat dat hij een half uur aan het woord is. Weinig mensen verstaan wat hij precies zegt.

Moeder Hanny vertelt over de liefde tussen haar zoons. De zaal is stil. Mensen huilen.

Dragers tillen de kist van de baar. Bij een afstapje glijdt de kist weg. Het witte ding raakt de grond. Surrealistisch, denkt een toeschouwer.

Een smal pad loopt tussen de bomen door een heuvel op. Jeffrey Arends voelt het gewicht van de kist op zijn

schouder drukken. Zwaarder dan hij dacht. Zijn gedachten racen. De ene vriend op z'n schouder. De ander in de
bak. Bizar, denkt hij.

8. Het Hakblok

Het Hakblok noemen Rotterdammers hun rechtbank ook wel. Een grijze kolos aan de Maas in Rotterdam. Binnen zie je veel glas en als je mazzel hebt de rivier. Buiten zie je vooral een berg steen die als een onneembaar fort opdoemt aan de overkant van de Erasmusbrug.

Aan de zijkant van het gebouw, ongeveer waar de Posthumalaan de Wilhelminakade ontmoet, gaat een rolluik omhoog. Een wit justitiebusje rijdt naar binnen. Jason Halman zit in het busje, eenzaam opgesloten achter een deurtje met een krappe zitplaats. De gewapende bestuurder kan hij niet zien.

Achter een tweede rolluik stopt de auto precies voor de ingang van het cellencomplex. De zijdeur schuift open. Jason stapt licht gebogen naar buiten. Met enkele stappen staat hij op de trap die naar een ruimte met krappe cellen leidt. De celmuren zijn beklad. Hartenkreten. Verwensingen. Een enkele liefdesverklaring. Het licht is er mat en gelig, de zitting hard en koud. Door het minuscule kijkgaatje, niet veel groter dan een euromunt, lijkt vrijheid onbereikbaar.

Een verdieping hoger, hemelsbreed enkele tientallen meters van hem verwijderd, verstopt achter een web van smalle gangen en dubbele deuren, ziet zijn familie hoe de deur van de rechtszaal openzwaait. Een politieagent stapt de gang op en kijkt rond. Veel brede mannen. Meer rugbytypes dan honkballers. Veel Antillianen ook. Na een minuut of twee verdwijnt de agent weer. Kennelijk is de kust veilig. Eddy Halman volgt de man. Hij tuit zijn lippen en schudt z'n hoofd een paar keer heen en weer. Eddy denkt aan Jason.

'Alsof het een zware crimineel is,' snoeft hij.

Eddy Halman lacht een wrange lach.

'Iedereen moet boeten, maar ik wil niet dat de rechter hem kapotmaakt,' zegt Eddy, 'ik wil dat Jason weer zelfvertrouwen krijgt en terug kan keren in de maatschappij.'

De deur van de rechtszaal zwaait voor de tweede keer in een paar minuten open. Een bode kondigt het begin van de zaak aan.

Hanny Suidgeest passeert, één arm hangt in een mitella. Ze wisselt een korte blik met Eddy. Beiden zwijgen. Eddy gaat rechts van de ingang zitten, op de tweede rij, een rij achter moeder Hanny en dochters Eva en Naomi. Drie smalle lichtbalken aan het plafond geven de zaal de uitstraling van een matig verlichte schoenendoos.

Na een paar minuten zwaait een deur aan de linkerkant van de zaal open.

Hoofden schieten naar links.

Via een betonnen trap is Jason snel boven.

Hij draagt een lichtblauwe trui en baggy jeans. Aan zijn kin hangt een klein sikje.

Mensen zwaaien. Mensen lachen. Duimen gaan omhoog.

De scène heeft iets sereens, kalmerends misschien. Zo van: het komt wel goed, niets aan de hand, alleen de rechter moet daar nog achter komen.

Jason loopt direct naar het beige tafeltje in het midden van de zaal. Zijn blik strak naar voren gericht.

Het gekraak van broeken die over stoelen schuiven, verstoort de stilte. Drie rechters komen de zaal binnen.

Een bode vraagt om rust in de zaal.

De middelste van de drie rechters neemt het woord. Ze leidt Jason door de maanden oktober en november 2013. De weken rond de moord zijn volgens Jason in een flits voorbijgegaan. Hij kan zich slechts stukken van dagen herinneren. Sliep nauwelijks. At nauwelijks. De rechter spreekt hem toe als een zorgzaam adviseur. Ze praat over zijn negatieve gevoelens. Over Gregory die terugkwam na een jaar in Amerika.

'Ik kon nooit wachten tot hij thuis was,' zegt Jason, 'ik was zo blij dat hij weer terug was. Verder niets. Het was pas later dat het mis begon te gaan.' De jongen lijkt kalm, geconcentreerd.

Jason besprak veel met een oude vriendin, wat precies kan hij zich niet herinneren. Mogelijk dat daardoor de herinneringen aan de heftige gebeurtenissen in zijn leven loskwamen. 'Ik heb nooit zo echt gepraat over dingen die ik heb meegemaakt, die gesprekken hebben misschien dingen losgemaakt waar ik een beetje van in de war ben geraakt.' De gesprekken maakten hem somber.

'Ik legde verbanden tussen dingen die er niet waren,' zegt hij.

'Hoorde u stemmen?' vraagt de rechter.

'Nee, niet echt,' zegt Jason, 'meer verbanden leggen. Had niet door dat ik anders was.'

De toeschouwers worden als een magneet getrokken door de jongen in de blauwe trui.

Het is muisstil.

Soms klinkt een zachte snik of een neus die wordt opgehaald.

De enige keer dat er hoorbaar gelachen wordt, is als er gezegd wordt dat Jason zijn sleutels weleens vergat.

De rechter komt aan bij de dag dat het misging en citeert Jason op de avond van de moord. 'Ik heb 'm doodgestoken,' leest ze voor, 'omdat hij een meisje had. Ik heb 'm zeven maanden niet gezien. Nu is hij dood, misschien is dat beter zo.'

Stilte.

'Ik heb mijn broer gestoken uit liefde,' gaat de rechter verder.

Jason pakt een zakdoek.

'Ik zou mijn broer nooit pijn doen,' zegt hij.

Op de publieke tribune laat Dwayne Kemp zijn hoofd zakken. De dagen dat hij met Gregory en Jason door zijn ouderlijk huis rende, liggen kort achter hem. Nu zit hij hier. Hij vindt het bizar. Zijn vriend Gregory is er niet meer. Zijn vriend Jason zit daar, alleen, met zijn rug breed als een huis. Hij wil dat z'n vriend vrijkomt.

Als de naam van Jason of Gregory in de rechtbank valt, steekt Kemp intuïtief zijn hoofd omhoog, als een jong hert, geschrokken door naderend gevaar. Daarna verstopt hij z'n hoofd weer tussen z'n handen. Op het eerste gezicht lijkt het alsof Kemp wegdommelt, misschien in slaap gesust door de kalme stem van de rechter. Hij slaapt niet. Hij huilt.

Jason zit bijna roerloos op z'n stoel. Alsof hij licht verdoofd is en zich onzichtbaar wil maken, denken enkele journalisten. De tekenaars in de zaal hebben het niet makkelijk om een goed portret van de jongen te schetsen. Ach, het is weer eens wat anders dan een verdachte die zwaaiend achterstevoren op zijn stoel zit.

'M'n broer zit de hele dag in mijn hoofd,' zegt Jason. 'Ik kan het nog steeds niet geloven dat hij er niet meer is. Dat ik niet meer met 'm kan praten. [Ik] heb niet de behoefte om [er] met vrienden over te praten terwijl ik [er] nog niet met [mijn] familie over heb kunnen praten.'

De rechter vraagt Jason of hij beseft wat hij heeft aangericht.

'Ja tuurlijk,' klinkt het feller dan op enig ander moment. 'Ik weet hoeveel mensen ik hiermee heb pijn gedaan, weet je... Heel veel mensen hielden van m'n broer.'

'Het is toch wel gebeurd,' houdt de rechter hem voor.

Stilte.

Ze vraagt Jason naar zijn toekomst. 'Ik weet niet,' zegt hij sloom, '[Ik] wil sowieso weer sporten, dat heb ik altijd gedaan, dat is belangrijk voor mij. Proberen broer trots te maken.' De rechter zegt dat blowen haar niet zo'n goed idee lijkt. 'Ik zal nooit [het] risico nemen om dat weer te laten gebeuren,' zegt Jason. Hij kijkt voor zich uit.

I. Schilperoord, de psycholoog die Jason bij het Pieter Baan Centrum onderzocht, krijgt het woord. De psychiater is met vakantie, vandaar.

De psycholoog noemt Jason een jongen die ondanks zijn lastige familieomstandigheden altijd goed gefunctioneerd heeft. Jasons cannabisgebruik heeft vermoedelijk een rol gespeeld in het ontstaan van de psychose, maar de precieze relatie tussen zijn gebruik en de daad is moeilijk te ontrafelen. Niet iedere gebruiker is psychotisch en niet iedere persoon die psychotisch raakt blowt.

Een psychose veroorzaakt door cannabis duurt hooguit enkele dagen.

Jason was maanden na de moord nog psychotisch.

'Wat is de kans op herhaling?' vraagt de rechter.

'Dat is heel moeilijk te zeggen,' antwoordt de psycholoog. 'Het lijkt me heel belangrijk dat hij geen cannabis gebruikt.' De kans dat Jason een psychose krijgt onder invloed van cannabis is groter dan gemiddeld. De rechter vraagt wat er nog meer gedaan kan worden. Gelaten stelt de psycholoog dat de mogelijkheden beperkt zijn: 'Het is helemaal niet gezegd dat het nog een keer zou gebeuren.' Jason moet op tijd aan de bel trekken, zegt de psycholoog. 'Daarin zou meneer zelf en [zijn] omgeving een rol kunnen spelen. Er zijn veel mensen die toch wel voelen aankomen dat ze afglijden,' zegt ze. De psychose is 'mogelijk eenmalig', maar dat is 'niet goed vast te stellen'. Ondanks een onderzoek waarin ze naar eigen zeggen alle mogelijke informatie boven tafel heeft gekregen.

De psycholoog lijkt een beetje aan te lopen tegen iets dat we in het leven vaker tegenkomen. Hoe graag we ook in de toekomst kijken, mensen zijn slechte voorspellers. Ze zegt geen aanwijzingen te hebben dat Jason moeite heeft met regulatie van agressie of dat hij in een nieuwe psychose weer agressief wordt. 'Wij zien geen grote kans op herhaling.'

Jason wordt niet als een gevaar voor de samenleving gezien.

Dan heeft TBS geen zin.

'De mogelijkheid van een slechts eenmalig optredende psychose is in de optiek van de deskundigen zeker aanwezig,' zegt officier van justitie T. Slieker in de rechtszaal, 'terwijl evengoed de kans bestaat dat verdachte een erfelijk bepaalde gevoeligheid heeft voor recidiverende psychosen, zoals bijvoorbeeld een schizoaffectieve stoornis of schizofrenie. (...) Het is goed mogelijk dat deze kans net zo klein is als voor u en voor mij.'

Het OM vindt onder meer dat er geen risico wordt genomen met Jasons vrijlating omdat zijn familie hem in de gaten houdt.

Als een journalist later die middag aan de persofficier vraagt wie nu zegt dat deze man niet weer in een psychose raakt en iemand anders wat aandoet, stelt deze kalm: 'Ja, dat is toch koffiedik kijken, moet ik zeggen. Garanties kunnen we niet geven, of dat gaat gebeuren weten we gewoonweg niet. Maar het risico hierop wordt eigenlijk wel als minimaal ingeschat.' Het is de taal van de wetenschap, de lijn tussen leven en dood in deze zaak.

We weten veel, maar ook veel niet.

Zekerheid valt pas achteraf te geven.

De psycholoog heeft 'niet vaak meegemaakt dat iemand zo psychotisch is geweest zonder dat er in het verleden aanleiding is geweest voor psychiatrische ontwikkeling'. Ze denkt dat alles wat in hun mogelijkheden lag is onderzocht. Jason heeft goed meegewerkt aan het onderzoek en vindt het een herkenbaar rapport, dat goed weergeeft hoe hij in elkaar zit. Het Pieter Baan Centrum adviseert ontslag van rechtsvervolging.

Woord van een moeder

Hanny Suidgeest stapt naar voren, ze oogt sterk en vastberaden, zoals ze er de afgelopen maanden vaak uitzag in het openbaar. Ze gaat zitten aan eenzelfde tafeltje als haar zoon, zijn rug een paar meter voor haar. Als moeder van het slachtoffer mag ze een slachtofferverklaring voorlezen aan de dader.

'Voor Jason en Gregory,' staat er boven haar verhaal.

Ze spreekt in zinnen zonder komma's. Na ieder woord voelt het alsof steeds een beetje meer zuurstof uit de zaal wordt getrokken. Je wilt wegkijken bij haar pijn, maar wordt getrokken door de kracht waarmee ze haar verhaal vertelt. Ze begint zoals ze ook op de begrafenis begon, over de liefde tussen de broers, waar niemand tussenkwam.

'Jason, hier zijn alleen maar slachtoffers,' zegt ze. 'Gregory is natuurlijk het eerste en grootste slachtoffer, hij is er niet meer. Een geweldige, mooie, lieve, gekke zoon, broer, vriend en iemand waar zoveel mensen van hielden en nog houden. Een geweldig sportman, honkballer die het hoogste had bereikt in jullie beider zo geliefde honkbalsport. Om jouw woorden te gebruiken: Gregory was een held. Het is verschrikkelijk en niet te bevatten dat Gregory er niet meer zal zijn. Jij en wij ook kunnen ons een leven zonder Greg niet voorstellen. Daarom zijn wij allemaal slachtoffer, en jij het grootste, na Greg zelf.'

'We hebben het samen met jou, familie en vrienden vaak over Greg, maar niet over zijn overlijden en daarna. Daarmee wachten we tot we weer samen zijn, rouwen kan jij niet in je eentje en wij kunnen het niet zonder jou.'

Ze vertelt met krachtige stem over Eddy, die belde dat Jason Gregory had gestoken. Over de rit van Haarlem naar Rotterdam. En het tweede telefoontje van Eddy.

'Eddy vertelde dat Gregory was overleden. Keihard en onbeschrijflijk, als een mokerslag vochten gevoelens van ongeloof, gekheid, verslagenheid, paniek, onrust, chaos, verdriet, pijn, hulpeloosheid en verwoesting om het hardst. Ik heb het je eerder verteld, die eerste dag dacht ik: God, als je bestaat, haal Jason dan ook. Ik hou zo veel van jou Jason, ik wilde niet dat jij dit onmogelijk grote kruis zou moeten dragen. Maar die gedachte was snel uit mijn hoofd verdwenen, ik moest er niet aan denken dat ik ook mijn andere zoon zou verliezen, hoe zeer ik jou die eeuwige rust ook zou gunnen. Wij gingen voor je vechten, voor je zorgen en niets zou ons daarin tegenhouden. Ik vertel je dit omdat vanaf dat moment wij moesten leren leven en omgaan met de dood van Gregory en dat, vanaf datzelfde moment wij, natuurlijk ontstaan, met grote zorg en grote onvoorwaardelijke liefde om je heen gingen staan en sloten als een oesterschelp. Wij weten dat veel mensen het niet kunnen zullen of willen begrijpen. Dat zij onze houding richting jou niet kunnen inleven, niet kunnen geloven en/of accepteren. Dat kunnen wij ook niet vragen van iedereen, vooral niet van mensen die jou, jou en Gregory en ons niet kennen. Wij hoeven jou niet te vergeven, vergeven is niet aan de orde want wij hebben jou nooit van iets beschuldigd. Ook de beeldspraak dat we jou niet laten vallen is niet op zijn plaats. Je zegt dat je iemand niet laat vallen als je wel vindt dat er iets is voorgevallen wat niet had mogen gebeuren. Jason, hoe erg het ook is, wij beschuldigen jou niet en hoeven jou dus nogmaals, niet te vergeven.'

Jason pakt een zakdoek.

Hij huilt in stilte.

Hanny's woorden stoppen nooit. Ze praat over de liefde waarmee ze haar zoon wil omringen, de weg die ze zal moeten vinden met familie, vrienden, kennissen. 'Met elkaar en met hulp van professionals zullen we proberen de draad van ons leven weer op te pikken. Een leven dat voor ieder van ons nooit meer hetzelfde zal zijn. Wij hopen dat dat ons gegund is, vooral jou Jason. Ik hoop dat onbegrip, ongeloof, het oordelen en veroordelen voor een deel weggenomen kunnen worden en plaats kunnen maken voor het respecteren, misschien niet het accepteren, maar respecteren hoe dit alles heeft kunnen gebeuren zoals het deed.' Ze bedankt de hulpverleners en leest een tekst van Drake voor, de favoriete rapper van de jongens.

May your neighbours respect you
Trouble neglect you
Angels protect you
And heaven accept you

'Ik hoop dat je heel lang bij ons blijft,' zegt ze. Dan is ze onder aan haar brief gekomen. 'Kaartjes uitdelen', staat er. Hanny Suidgeest staat op, loopt naar de officier van justitie en geeft hem een klein rechthoekig kaartje met daarop de bovenstaande tekst van Drake en een foto van Gregory met gespreide armen. De rechters krijgen er een. De griffier ook. Ten slotte loopt ze naar het tafeltje van haar zoon.

Ze geeft een kus op zijn hoofd. Hij buigt z'n hoofd licht, houdt z'n blik naar beneden. Dan loopt ze terug naar haar stoel.

Journalist Henrik-Willem Hofs slikt een dik brok weg. Hij moet tientallen slachtofferverklaringen hebben gezien, maar deze voelt anders. De emoties die de vrouw verwoordt zijn niet plat zoals wel vaker bij een slachtoffer, maar precies en krachtig verwoord, zonder haat of vergelding.

Niemand lijkt het droog te houden.

De rechter schorst de zitting.

Schuld

De officier van justitie lijkt het type dat net zo makkelijk een schuine grap maakt in een sportkantine als een serieuze rechtszaak bepleit. Nu staan zijn ogen ernstig. Zijn verhaal beslaat veertien pagina's, maar het klinkt als minder. Hij spreekt over de broers. Soulmates. Het weekend van 19 en 20 november. 'Maandag 21 november 2011 is een dag die in het geheugen van velen staat gegrift. Een gitzwarte dag die alleen maar verliezers kent.' Sporen van een vechtpartij zijn niet gevonden. Jason wordt in eerste instantie beschuldigd van moord met voorbedachten rade en in tweede instantie van doodslag op zijn broer.

De officier vraagt zich af of er sprake is van moord of doodslag.

Voor moord moet sprake zijn van voorbedachten rade. Dat is zo als iemand zich heeft kunnen beraden op zijn besluit en 'niet heeft gehandeld in een ogenblikkelijke gemoedsopwelling', zoals de officier het in de rechtszaal zegt. Als je plotseling wordt overvallen door een onverklaarbare woede en in die woede iemand doodsteekt, is er mogelijk sprake van doodslag, maar niet per se van moord.

Het is ook niet zo dat een gek geen moord kan plegen. Een psychotische man werd veroordeeld voor poging tot moord. De man schakelde de elektriciteit van een caravan uit in de hoop dat de bewoner naar buiten zou komen. Die kwam naar buiten en werd door de man – hij zat klaar met een mes – neergestoken en overleefde de aanval. Ook in een gekke, irrationele, toestand kun je een rationeel plan maken en nadenken over de gevolgen van je daad, een moord plegen dus.

Over het algemeen werkt een psychose in het voordeel van een verdachte. Hij loopt de kans verminderd toerekeningsvatbaar verklaard te worden.

De officier ziet in Jasons handelen, gezien tegen de achtergrond van zijn psychose, 'eerder handelen dat voortkomt uit een ogenblikkelijke heftige gemoedsbeweging, die hem heeft gebracht tot een (vrijwel) onmiddellijk daaropvolgende daad, dan dat het duidt op een moment van kalm beraad en rustig overleg'.

Van voorbedachten rade is in zijn ogen geen sprake en hij vraagt vrijspraak voor moord.

Op de trap van ernstig naar minder ernstig is de officier bij de volgende trede aanbeland: doodslag. Daarvoor moet hij bewijzen dat Jason met opzet handelde. Dat de steek in Gregory's nek geen reflex was of een ongelukkige val. Alleen als bij een verdachte elk inzicht in de draagwijdte van de gedraging heeft ontbroken is geen sprake van opzet. Dat geeft de officier enige ruimte. Als een verdachte aangeeft dat hij iemand heeft gestoken na zijn daad is dat volgens de Hoge Raad genoeg bewijs dat de verdachte inzicht had in zijn gedrag en dat het niet mocht wat hij deed. Dat Jason na de dood van Gregory op meerdere momenten heeft geroepen dat hij zijn broer stak en doodde, betekent in dit geval dat hij volgens de officier opzettelijk handelde: 'De handelingen van verdachte, te weten het steken met een mes in de nek van het slachtoffer, zijn naar hun uiterlijke verschijningsvorm immers zo zeer gericht op de dood van het slachtoffer dat het niet anders kan zijn dat verdachte de aanmerkelijke kans op de dood van het slachtoffer heeft aanvaard.'

'Verdachte heeft zich schuldig gemaakt aan een doodslag op het slachtoffer,' in de taal van de officier.

Jason is schuldig.

De vraag is of hij daar ook straf voor zal krijgen.

De officier stelt dat niet precies valt vast te stellen wat er die noodlottige ochtend is gebeurd omdat Jason nauwelijks herinnering daaraan lijkt te hebben. Omdat hij zo psychotisch was, acht de officier hem ontoerekeningsvatbaar op het moment van de fatale messteek.

De doodslag kan Jason niet worden aangerekend vanwege zijn psychose.

Omdat het strafbare feit Jason niet kan worden aangerekend, stelt de officier ontslag van iedere rechtsvervolging voor. Als het aan hem ligt, wordt Jason snel weer vrij man.

Jason laat geen reactie zien. Op de publieke tribune bewegen enkele toeschouwers heen en weer op hun stoel.

Wetboek

De officier is op de een na laatste pagina van zijn requisitoir aangekomen.

Hij noemt doodslag een van de meest ernstige delicten in het Wetboek van Strafrecht: '[...]doodslag op een jongeman in de bloei van zijn leven. Een jongen met een imposante sportcarrière bij een grote Amerikaanse club in de Major League. Dat hij een groot honkballer was, blijkt wel uit het feit dat door de nationale en de internationale honkbalwereld geschokt op zijn dood is gereageerd. En dan plotseling wordt hij uit het leven gerukt.'

'Familie en natuurlijk ook vrienden zijn in een vreselijke positie terechtgekomen. Door wat er is gebeurd zijn zij dubbel getroffen. Maar het is vanzelfsprekend ook een vreselijke situatie voor de verdachte. Het feit kan hem weliswaar niet worden aangerekend, maar hij moet leven met het feit dat hij zijn broer en tevens beste vriend het leven heeft ontnomen.'

De officier zal geen straf eisen, maar heeft nog wel uitgezocht of Jason op vrijwillige basis in de gaten kan worden gehouden door hulpverleners. Dat ook omdat Jason zelf heeft aangegeven contact te willen houden met hulpverleners en er alles aan wil doen om een nieuwe psychose te voorkomen. Als Jason wil, wil de Nederlandse reclassering hem begeleiden en controleren, zegt de officier.

'Let wel,' benadrukt de officier, 'dit betreft geen bijzondere voorwaarde. De begeleiding zal dan derhalve geschieden in een geheel vrijwillig kader en kan enkel vorm krijgen als betrokkene zijn medewerking verleent aan de afspraken en contacten.'

'Ik ben daartoe wel bereid,' zegt Jason.

'Ziet u daar het belang van in?' vraagt een rechter.

'Jazeker,' antwoordt hij.

De reclassering is bereid om Jason te begeleiden. Allemaal vrijwillig.

Advocaat Huizinga hoeft weinig te doen. Niemand in de rechtszaal lijkt het met elkaar oneens. Ergens voelt het alsof er al een beslissing genomen is voor het begin van de rechtszaak.

De rechter schorst een paar minuten.

Vredesteken

Het is iets na half één.

Zo langzaam als de lucht eerder uit de zaal werd gezogen, zo snel wordt die teruggeblazen als de rechter spreekt.

'Yeah my boy,' schreeuwt een man. Anderen klappen.

Voor Dwayne Kemp voelt het alsof de zon schijnt in de rechtbank.

Jason draait z'n bovenlijf en lacht naar z'n familie, bescheiden, niet uitgelaten.

Hij mag de uitspraak in vrijheid afwachten.

Bij het verlaten van de zaal maakt Jason een vredesteken met de vingers van zijn rechterhand. Hij glimlacht voorzichtig.

Iedereen lijkt even meegezogen in de emoties van het moment, in mededogen voor de man in de stoel en zijn familie. Enkele journalisten knikken: logische uitspraak.

Pas enkele minuten later volgt bezinning.

Buiten vallen vrienden en familieleden elkaar in de armen.

Een medewerker van SBS trekt Eddy Halman aan zijn arm.

Vanochtend stak hij een kaars aan bij de foto van Gregory in de woonkamer en sprak zoals altijd met zijn oudste zoon. Hij vroeg Gregory of hij dat wilde doen wat goed is voor Jason. 'En zo is het uitgekomen,' zegt hij buiten de rechtbank. Een glimmende zonnebril bedekt zijn ogen. 'Maar ik mis Greg. Ik krijg die superster niet meer terug. Ik ben blij voor Jason.'

Nu wil hij Gregs naam eren.

'Want hij is mij voorbij als tophonkballer en ik wil hem hoog houden zolang ik leef,' zegt hij.

Na afloop lopen Jasons vrienden naar het stoplicht op de hoek van het gerechtsgebouw. De garagedeur die naar het cellencomplex leidt gaat open. De mannen rekenen. Dit kon Jason weleens zijn. Ze steken hun handen op en zwaaien. 's Avonds vertelt Jason dat hij het heeft gezien.

Vrij

Eind augustus verschijnt Jason opnieuw voor de rechtbank.

De rechter: 'De beslissing is dan dat moord niet bewezen is, doodslag wel, dat u niet strafbaar bent, vanwege die ontoerekeningsvatbaarheid en ontslagen wordt van rechtsvervolging.'

Korte tijd later is hij definitief vrij man. Hij hoeft zich niet te laten behandelen of ergens te melden als hij dat niet wil.

'Als iemand er niets aan kan doen dat hij een bepaald feit heeft gepleegd, moet je hem dan straf opleggen?' vraagt de persrechter zich voor de microfoon van de NOS af.

Ze geeft zelf het antwoord.

'Nee, zegt de wet en zegt ook deze rechtbank.'

9. De droom leeft voort

Als het leven een weg naar geluk is, dan heeft Eddy Halman de afslag al een tijdje gemist. Hij staart voor zich uit in de woonkamer van z'n eenvoudig ingerichte flat aan de rand van Haarlem. Tranen rollen over zijn wangen. Jason zit op dit moment nog vast. Op een stoel bij het raam staat een foto van een lachende Gregory. 'My boy,' fluistert Eddy terwijl hij naar de foto staart.

'Mijn zoons waren één bolletje, de helft van de bol is stuk.' Eddy's woorden blijven steken in zijn keel.

Op de achtergrond doorbreekt het honkbalcommentaar van sportzender ESPN de stilte.

Zijn leven lijkt in veel opzichten een studie van wat er gebeurt als je een man zijn dromen, doelen, hoop en liefde ontneemt.

Hij loopt door de smalle gang naar de voordeur en stopt bij een kleine slaapkamer, achter de muur met het grote houten kruis. Hij kijkt in de ruimte waar zijn jongens ooit sliepen. Eddy slikt zichtbaar.

De energie is niet lang na de dood van zijn zoon weg. Werken als schoonmaker doet hij niet meer. Het is wachten op afkeuring. Vaak is hij alleen, valt hij vroeg in slaap en wordt midden in de nacht wakker. Het voelt alsof alles stilstaat. 'Ik weet niet hoe ik leef,' zegt hij met gebroken stem, 'ik leef in de tijd van Greg en met de pijn van Jason. Greg praat tegen mij. Door hem leef ik nu.' Hij wordt verscheurd door tegenstrijdige gevoelens. De hand van zijn jongste zoon doodde de oudste, maar toch gaat hij tijdens de negen maanden die Jason in voorarrest zit, naar de gevangenis of het Pieter Baan Centrum om de jongen een hart onder de riem te steken. 'Ik laat Jason niet vallen. Hij is nog steeds mijn zoon, ik wil hem helpen.'

'Jason hield zoveel pijn in zich van wat er al die jaren in het Nederlands team met hem is gebeurd. Dat hij niet geselecteerd werd voor het WK was de druppel, hij is misbruikt. Als hij was meegegaan, was Jason tevreden geweest, had hij het toch meegemaakt en genoten. Dat is hem afgenomen.'

Het is alsof Eddy Halman met z'n volle gewicht en twee handen aan de wijzers van de klok hangt in een poging de tijd terug te draaien. Hij denkt terug aan de avond dat alles misging.

'Het was gewoon dreigen, stoeien,' praat hij zichzelf aan. Misschien ging het die avond in Rotterdam wel zoals vroeger, toen ze boven op elkaar sprongen als ze vochten om een kussen. Eddy beweegt met zijn bovenlijf van links naar rechts terwijl z'n kont vast op het bankstel zit. Als een bokser die klappen ontwijkt. Terwijl hij met zijn lijf naar links buigt, steekt hij z'n rechterarm omhoog. Misschien is het zo gegaan. Hij is even stil.

Hoe onbegrijpelijker de gebeurtenis, hoe groter de wil om een verklaring te vinden.

'Ik wil niet zeggen dat mijn zoons engelen waren, maar als ze samen in Amerika waren geweest, dan hadden we deze shit nooit gehad.'

Stilte.

Niet lang na de dood van Greg belt hij een vriend op Aruba. 'Ik ben er één kwijt,' zegt Eddy, 'ik wil niet mijn tweede zoon verliezen. Ik moet bij Jason staan.'

Hij kijkt op de klok. Vijf uur. De deur van Jasons cel gaat dicht.

Naar de bezoeken kijkt hij uit.

'Ik wil niet meer leven,' zegt Jason tegen z'n vader.

'Kop op,' zegt Eddy, 'Greg staat naast je, hij wil dat je verder gaat. *Fuck the rest*. Leef door.'

Hij wil zijn zoon het liefst meteen mee naar huis nemen.

Eddy neemt een slok water. 'Ik had liever dat Greg nooit terug naar Nederland was gekomen. Hij kwam alleen voor Jason terug. Waren mijn jongens alle twee in Amerika geweest, dan was dit niet gebeurd.'

'Dat was ook het plan. Ze wilden samen in de VS gaan wonen. Ik zou er ook af en toe naartoe moeten gaan.' Hij zucht, staat op en loopt naar de vitrinekast. Hij pakt een knuppel met Gregs naam erop en houdt 'm omhoog. Dan graait hij naar de eerste bal die Greg in Amerika over de hekken sloeg. 'Ja. Ja. Mooi hè,' zegt hij trots. Hij denkt aan de dagen dat Jason de show stal, als jonge tiener, bij een homerun derby in de Verenigde Staten. En aan de dag dat Greg zijn eerste homerun sloeg in Seattle, terwijl Eddy en Jason elkaar op de tribune in de armen vlogen. 'Ik heb genoten van mijn zoons en zal nooit vergeten wat ze presteerden sinds ze kleine ukkepukken waren.'

Waar de meeste mensen in Jasons omgeving er alles aan doen om het gordijn rond de jongen gesloten te houden, tilt Eddy het een fractie op.

'Jason,' zegt hij.

'Super Jason.'

'Jason. Moordenaar.'

'Jason. My boy.'

'Jason. My son.'

Vrienden

'Als je honderd vrienden had, zullen er nog maar twintig over zijn,' waarschuwen de behandelaars Jason in het Pieter Baan Centrum.

Z'n beste vrienden zijn gebleven. Als het even kan, vermijden ze de moeilijke onderwerpen, zegt Dwayne Kemp: 'We praten over vrolijke dingen. Lachen veel. Als hij lacht, dan lach ik ook. Als ik hoor dat het goed met hem gaat, valt er een last van mij af. Dan gaat het ook goed met mij. Dan denk je niet aan die ellendige dingen. Ik zal er samen met zijn andere vrienden altijd voor hem zijn.'

Plaat

Soms leeft Eddy even op.

Hij wrijft met twee handen over zijn buik. Kleiner. Met dank aan de sportschool en zijn zoon.

'Pap, doe wat aan die buik. Het ziet er niet uit,' zei Gregory tegen hem. Hij luistert. Althans soms. Weg is het ding nog niet. En hij klinkt nuchter. Ook met dank aan zijn jongens.

'Ik huil, ik mis ze, ze waren lief,' zegt hij tegen niemand in het bijzonder.

De oplevingen duren niet lang.

Langzaam glijden de handvatten voor een gestructureerd leven weg. De bezoeken aan Jason. Het wachten op de rechtszaak. Een constante lijkt het steeds terugkerende ongenoegen met zijn familieleden. Over geld, over zijn breedsprakigheid in de pers, over wie in Eddy's ogen nu wel of geen 'echte' Halman is. Over bijna alles eigenlijk.

Eddy en het oordeel

Niet lang nadat Jason vrij is, is er een barbecue met honkballers in Rotterdam. Eddy wil dat Jason meegaat. Hij moet onder de mensen komen, denkt z'n vader. Jason schaamt zich en heeft zich met een zonnebril en een capuchon vermomd. Eddy vraagt of Jason die dingen af wil zetten.

In Rotterdam worden ze warm ontvangen door vrienden en (oud)-internationals die de mannen nog niet vergeten zijn. Het voelt als een warm bad. Eddy voelt trots als hij ziet hoe de vrouwen naar Jason kijken.

Een oude vriend ziet Jason. Normaal pakken ze elkaar beet, nu is het alleen een handje. Jason lijkt in zichzelf gekeerd, denkt de man. 'Je bent klein geworden, je moet weer trainen,' zegt de vriend. De vriend houdt afstand.

De geur van een broer

Eddy doet open. Jason gaat naar binnen.

Via de smalle gang komt hij in de woonkamer.

Dicht bij het grote raam staat een vitrinekast. Jason rekt zich uit en pakt de donkere handschoen op.

Hij duwt z'n neus in het hart van de handschoen. Leer

omsluit zijn gezicht. Hij haalt diep in. Ergens, ver weg, hoopt hij iets van zijn broer te ruiken.

Misschien dat het leven toch weer een beetje normaal kan worden. Een zoon die bij z'n vader over de vloer komt, rust vindt misschien. Steeds als de oplossing dichtbij lijkt, is die meteen weer ver weg.

'Je moet praten, Jay,' zegt Eddy.

'Pap, ik wil niet praten,' zegt Jason.

Eddy dringt aan.

Jason blijft weg.

Wat is de oplossing voor een situatie die niet op te lossen lijkt? Deskundigen zeggen dat je een jongen die zo'n trauma moet verwerken niet met zijn daden moet confronteren. De kans op terugval zou aanzienlijk groter worden. Maar is het zo onlogisch? Eddy maakt zich zorgen. Hij ziet Jay roken, drinken en zegt dat hij zich niet aan de afspraken met de reclassering houdt.

Gold Glove

Voornemens zijn er om verbroken te worden. Nooit meer honkbal. Tot het geluid van ESPN de woonkamer weer vult. Ieder beeld is een herinnering aan het verleden. Andrelton Simmons van de Atlanta Braves wordt gekroond tot beste korte stop in Amerika. Xander Bogaerts – Arubaan nota bene – wint de World Series met de Boston Red Sox. Generatiegenoten van Gregory. 'Mijn zoon had daar nu moeten staan,' zegt Eddy. Z'n stem slaat over.

De droom van zijn andere zoon is voorbij. Een enkele coach denkt aan wat Jason zou kunnen doen op het veld.

Bij Kinheim vroegen enkele leden zich zelfs af of ze niet moeten voorkomen dat Jason ooit nog op de club komt.

Eddy vlucht intussen soms voor even naar Aruba, het eiland waar alleen de wolken trager lijken te bewegen dan de inwoners. Een reis naar het verleden, in de hoop daar nog toekomst te vinden. Z'n oude vrienden vangen hem op. Hij drinkt een borrel met ze of speelt golf op de baan bij zijn ouderlijk huis. Weinig wordt onderhouden, veel vergaat. Bad Man Field is overwoekerd. Een geit graast op Pepsi Cola Field. Het is stil in het centrum van San Nicolas. Veel huizen staan leeg. Het verleden bestaat alleen nog in de verhalen. Als hij aan vroeger denkt fonkelen z'n ogen en trekt hij z'n kin strijdlustig omhoog.

Mot

Gregory's graf is nog maar net dicht of er is alweer mot tussen de familieleden. Gregory blijkt een levensverzekering te hebben afgesloten met een vermoedelijke waarde van een miljoen dollar, zegt Eddy. Hij is woedend als hij van de hem tot dan toe onbekende polis hoort. De namen op de polis zorgen voor verdere frictie tussen de familie: volgens Eddy staan Jason en hijzelf vermeld en wil het verzekeringsbedrijf niet uitkeren. Hij vertrouwt zijn vrouw al jaren niet en is bang dat hij zijn deel niet krijgt als zij de polis beheert. Voor de zoveelste keer ziet Eddy zichzelf terug in de rechtbank.

Hoe vaak heeft hij die al van binnen gezien? Een vechter zal hij altijd blijven, maar na weer een rechtsgang in het voorjaar van 2014 klinkt hij vermoeid, kwetsbaar haast.

De geldzaak is nog steeds niet opgelost. Eddy ziet eruit alsof hij bij het voorbijtrekken van ieder gevecht meer het idee krijgt dat alles verloren is. Dat de wijzers van de klok nooit de andere kant op zullen draaien. Niet dat hij het zelf zo zal zeggen. Introspectie is nooit z'n sterkste kant geweest.

Als hij diep wegzakt in z'n eigen woede, glijdt een wilde fantasie door het raam naar binnen. Als hij de kans krijgt, spuit hij Gregory's portret op een blauwe auto met daarbij de tekst 'RIP Greg Halman'. Eddy steekt z'n armen uit als een chauffeur die een denkbeeldige wagen door de woonkamer stuurt.

De wereld om hem heen lijkt hard te draaien. Hij staat stil.

In een vitrine in zijn huiskamer liggen oorkondes en honkballen. Een kijkdoos vol verloren dromen.

Op tafel brandt een kaars.

Eddy's gezicht verstart.

Hij laat z'n armen zakken.

De realiteit keert terug.

Pijn en eenzaamheid verscheuren hem.

'Iedereen is tegen mij,' hoort een vriend hem zeggen.

Kansen zijn er genoeg. Een nieuwe vriendin. Vrienden die hem het beste wensen en met plezier de trappen naar zijn portiekflat beklimmen. Zelf ziet hij vooral de negatieve dingen. Niets lijkt neutraal van kleur, iedereen lijkt altijd aan één kant te staan.

Altijd lijkt het slechte nieuws bedoeld om hem kapot te maken.

Altijd lijkt het slechte nieuws uit één bron te komen.

Er verschijnt een kritisch artikel van een journalist.

De schuld van Hanny.

Gedoe over de verzekeringspremie.

De schuld van Hanny.

Het gemis van zijn gezin.

De schuld van Hanny.

'Zij wil me gewoon in de greppel duwen,' zegt hij tegen een vriend.

'Ik denk dat jij eerder en vaker met haar bezig bent dan zij met jou,' zegt de vriend.

'De strijd gaat voort.'

'Ik ben een krijger.'

'Ik ben een soldaat.'

'I am going down and I am taking you with me...'

Hij is een pater familias zonder veel steun, zonder dat de meeste anderen hem zo zien.

Er zijn perioden dat hij nauwelijks met z'n familie praat. Diverse vrienden hebben 'm al lang niet meer gesproken. Sommigen zijn moe van de uitbarstingen. Ooit was er de hoop dat z'n telefoontjes goed nieuws bevatten. Een bulderende lach, of een geestige monoloog. Tegenwoordig weet je bijna zeker dat er een bom barst aan de andere kant van de lijn. Een gesprek eindigt dan met een tirade. Tegen de bond. Tegen z'n vrouw. Ach, eigenlijk maakt het niet zoveel uit tegen wie. Als hij z'n woede maar kwijt kan. Een vriend zet de speaker vast aan als Eddy belt. Er valt niet tussen te komen en van een afstand is het prima te volgen.

'Bel me ook eens om te praten over koetjes en kalfjes, of vraag hoe het met m'n zoon is,' zegt een vriend tegen Eddy. Na zo'n terechtwijzing blijft het meestal weken stil.

10. Na de dood

We verzamelen herinneringen, om ze dan te laten vervagen.

Jezus huilt

Kalian Sams stroopt zijn mouw op. Op zijn biceps staan drie jongens. Je moet goed kijken om de kerel in het midden te herkennen, maar dan zie je toch iemand die op Gregory Halman lijkt. Zijn handen wijzen naar de hemel. Links staat Joe Dunigan. Rechts Kalian Sams. Boven de jongens een scorebord en tribunes. Zo had Sams het graag gezien. Drie vrienden in actie in de Major League. 'Ik voel gewoon dat hij bij mij is,' zegt Sams, 'iedere keer als ik train, denk ik aan hem.'

'Ik heb het een plek kunnen geven, dat heeft wel een tijdje geduurd, maar op een gegeven moment moet je wel verder. Ik weet dat Greg ook wil dat ik verder ga, dat je er niet in blijft hangen. Dat weet ik omdat ik hem zo lang heb gekend en zijn mentaliteit ken. Als ik daaraan denk, kan ik het vanzelf een plekje geven.'

Op de bovenarm van Dwayne Kemp, dicht bij z'n schouderblad, staan Jezus en Maria. Ze kijken uit op de letters G.A.H.: Gregory Anthony Halman. Jezus huilt. 'Ik weet zeker dat hij bij Jezus en Maria is,' zegt Kemp, 'zijn dood is een les. Doe wat je het liefst doet. Je weet maar nooit. Door zijn dood ben ik het leven meer gaan waarderen.'

Utrecht

Jos Kervers, de voormalige jeugdcoach van de jongens, kijkt tv. Hij ziet Mart Smeets, die tophonkballers interviewt. Smeets gaat op bezoek bij Curaçaoënaar Andrelton Simmons, die net een miljoenencontract heeft getekend bij de Atlanta Braves. De tv-icoon interviewt Arubaan Xander Bogaerts, die enkele maanden eerder de World Series won met de Boston Red Sox.

Kervers kan er niets aan doen, hij moet terugdenken aan Gregory en Jason.

'Als ze zich nou positief hadden opgesteld en een soort van ander karakter hadden gehad in het verleden,' zegt Kervers, 'dan hadden ze nu in die uitzending van Mart Smeets gezeten. In ieder geval een of alle twee. Zo goed waren ze wel. Ja, dat hadden ze gewoon allemaal mee kunnen maken totdat ze dik miljonair waren geweest.'

Brewers

Het is een warme augustusavond in Appleton Wisconsin. Enkele duizenden honkbalfans schuifelen over een betonnen omloop in een stadion aan de rand van de stad. Ze lijken kleren aan te hebben omdat het moet. Veel spierwitte sneakers en wijde witte t-shirts hangen laveloos om veel te dikke lijven. De enige beweging die ze hier maken is van en naar de auto.

Aan de rand van het veld staat een man met een map. Verwachtingsvol kijkt hij naar de jonge kerels op het veld. 'Wie weet speelt een van hen ooit in de Major League,' zegt hij hoopvol. Gregory Halman, die hier ooit speelde, kent hij nog. Hij las van zijn dood in de krant. De handtekening steeg in waarde. Van 2 dollar naar 12 dollar. 'Begrijp me niet verkeerd,' zegt hij snel. 'Ik zou natuurlijk veel liever nog een handtekening van 2 dollar hebben en dat Gregory nog in leven was.'

De herinneringen aan Gregory Halman zijn hier veelal vervaagd.

Niet lang na de wedstrijd rijdt een taxi over een verlaten straat in het centrum van de stad. De chauffeur ziet eruit alsof hij te lang achter zijn spelcomputer heeft gezeten. Zo klinkt hij ook.

Halman kent hij wel.

'Het is fantastisch dat hij bij de Milwaukee Brewers speelt,' zegt de man, 'hij doet het geweldig. We zijn trots op hem.'

Greg overleed twee jaar eerder.

Bij de Brewers heeft hij nooit gespeeld.

Seattle

Safeco Field op een vrijdagavond in de zomer van 2013 doet dromen van een bestaan aan de Amerikaanse westkust. De zon zakt langzaam in Puget Sound. Blonde vrouwen lopen door de half ronde hoofdingang het stadion binnen.

Voor goed honkbal hoef je hier al jaren niet te zijn. Het is weer een verloren seizoen voor de Seattle Mariners. Halflege tribunes. Fans die vooral oog hebben voor elkaar en de drank.

Greg Halman zie je nergens. Geen shirts. Geen foto's. Alsof hij hier nooit is geweest.

Everett

Op de muur van het outfield hangt een witte honkbal. Als een wit plukje hoop in een zee van reclameborden.

'G.H.'

'#26'

Brian Sloan, General Manager van Everett Aquasox tuurt naar het herdenkingsteken in de verte. Zijn ogen vernauwen, z'n stem is kalm: 'Mensen vragen steeds: wie is dat? Waar staat dat nummer voor? Wij vertellen ze altijd dit: Greg is een van de beste spelers die ooit in Everett hebben gespeeld.'

Jackson

Jackson, augustus 2013. De lichte ogen van de 10-jarige Madison Mayer glimmen. Als een tornado ooit over Jackson raast, is de kans groot dat het meisje na de storm nog steeds op de tribune zit. Met haar vingers streelt ze een plaatje met zilveren rand. Gregory Halman.

Voor iedere wedstrijd kwam hij even naar haar toe. Ze praatten. Ze lachten. Deelden een *fist bump*. Zoals dat gaat in het hoofd van een kind, werd Greg haar vriend voor het leven. De laatste keer dat ze hem zag was in Memphis, 2010. 'See you next time,' zei hij.

Madisons moeder Missy zit in de McDonald's als ze het slechte nieuws hoort.

Later die middag rijdt ze naar huis en kijkt in de achteruitkijkspiegel. Dochter Madison zit stil op de achterbank.

Missy begint te vertellen.

Madison schudt haar hoofd. 'Ik wil huilen, maar ik ga niet huilen,' zegt ze.

'Je kunt huilen als je wilt huilen,' probeert haar moeder.

'Nee,' antwoordt Madison, 'Greg zou niet willen dat ik erom zou huilen.'

Stilte.

'Maar ik heb wel met zijn moeder te doen,' gaat Madison verder.

'Wat bedoel je?' vraagt Missy.

'Ze is niet één, maar twee kinderen kwijt,' antwoordt Madison.

Nu, twee jaar later, rent ze over de tribunes van het verlaten stadion. Het geluid van een gebroken knuppel doorbreekt de stilte. Op Madisons pet staat in duidelijke letters 'G H'. Aan wie het maar horen wil, vertelt ze over haar vriend. Gregory Halman.

'Ik mis hem,' zegt ze.

Bellen

Op een koude decemberdag in 2013 loopt Jan Collins door de kleedkamer van Neptunus. In een leeg kleedhokje hangen twee posters. Eentje met Gregory erop, eentje met Jason. Jason lacht. 'We love you', staat er bij de foto. De speler die ze in zijn kleedhokje had hangen is inmiddels vertrokken. Collins trekt de foto's snel van het hout en legt ze omgekeerd in een ruimte boven het hokje. 'Ik kan er niet naar kijken,' zegt hij en loopt door.

Iets verderop, in de gym zonder daglicht, stopt de coach en leunt met z'n brede schouders tegen een fitnessapparaat. Hier was Jason voor het laatst speler van een honkbalteam.

Collins houdt z'n handen gevouwen achter z'n hoofd. Z'n vrolijke lach is verdwenen. Hij denkt terug aan november 2011.

De coach filmt iedere training. Zo ook Jasons eerste training bij Neptunus. In de dagen na de oefensessie kijkt Collins de band terug. Hij stopt. Hij spoelt en kijkt nog een keer. Constant hoort hij die stem. Pas bij het terugkijken ziet hij dat Jasons ogen gek staan, het lijkt wel alsof de jongen niet ademt. Iets klopt hier niet, denkt de coach. Dat gevoel knaagt een paar dagen aan hem.

Zondag 20 november, Gregs laatste dag, wil Collins Jason bellen. Misschien kan hij even bij de jongen langsgaan. De golfafspraak kan wel wachten. Het is toch mistig. Collins pakt de telefoon. Hij scrolt naar Jasons naam en wil bellen. Nog voor hij de toets kan indrukken, rinkelt zijn telefoon. Collins golfvriend is aan de lijn. Collins laat zich overhalen om toch te golfen en belt Jason niet. 'Godverdomme,' zegt Collins jaren later, 'als ik daaraan denk krijg ik een brok in mijn keel. Misschien als ik er was geweest, had het geholpen, wie weet.'

Hij gooit z'n armen vertwijfeld op en zwijgt.

Voetsporen

Hanny Suidgeest loopt in New York door de straten waar haar zoon zich veertien jaar eerder een Amerikaan wilde voelen. In Seattle geeft de General Manager van de Mariners haar een paar slaghandschoentjes met Gregs handtekening. Hij gaf ze aan een jongetje. De vader van het jongetje gaf ze na Gregs dood terug aan de General Manager om aan Gregs moeder te geven.

Hanny loopt het stadion uit en kijkt omhoog naar de bruine bakstenen muur van haar hotel. Ver boven de straat, voor een raam, hangt een honkbalshirt. Halman. 56.

De tijd vervliegt, maar de liefde blijft.

Jason

Jason woont in de Randstad met een vriendin en wordt omringd door zijn beste vrienden en familieleden. Soms ziet een buitenstaander hem, als een lang verloren gewaande geest. Op het honkbalveld komt hij zelden.

Free

De aarde op het graf van Gregory Halman is niet langer rul. Hier, op een heuveltje onder bomen op begraafplaats Westerveld in Driehuis, laat zijn familie geen verjaardag of overlijdensdag voorbijgaan. Droefheid brengt ze voor even samen.

'Greg is nu in een andere wereld waar hij blij is,' zegt vader Eddy, 'geen worries, no pain, no people talking shit about you, he is free.'

Dankwoord

In de eerste plaats wil ik Eddy Halman bedanken voor zijn tijd en moeite in de afgelopen jaren. Meerdere keren ontving hij mij in zijn huis. Dat waren altijd hartelijke en open ontmoetingen. Daarnaast voerden we meerdere telefoongesprekken. Op enig moment heeft hij besloten niet langer met mij te praten. Ik hoop dat hij dit leest.

Naast de gesprekken met Eddy heb ik zo'n tweehonderd gesprekken met vele betrokkenen in binnen- en buitenland gevoerd. Soms duurde een gesprek een kwartier, soms vier uur of langer. Ik wil alle geïnterviewden bedanken voor hun tijd en moeite in de afgelopen jaren. Zonder jullie was dit boek er nooit gekomen.

Cruciaal bij de totstandkoming van dit boek zijn alle mensen van uitgeverij De Kring. In het bijzonder Daniël de Jonge, Olivier Doffegnies en natuurlijk Marie-Anne van Wijnen. Met hun enthousiasme en inzet als steun is het prettig werken. Marie-Anne maakte dit boek een stuk beter met haar talloze verbeteringen, opmerkingen en aanwijzingen. Het is bovenal haar geduld en tact die ervoor zorgen dat samenwerken fijn wordt.

Het Fonds Bijzondere Journalistieke Projecten kende een beurs toe. Daardoor heb ik meer dan veertigduizend kilometer kunnen reizen voor dit boek in onder andere Nederland, Amerika en Aruba.

Mijn vader Gerard is een soort persoonlijk fonds en

voor zijn advies en vertrouwen past één woord: bedankt (en op naar het volgende boek?). Als er een tekst in zijn e-mailbox belandt, is de kans groot dat die binnen 24 uur gecorrigeerd en wel terugkomt en voorzien is van opmerkingen waar ik zelf nooit aan had gedacht. Je bent de beste sparringpartner die er is.

Ton Camue hielp bij het vinden van contactpersonen bij UVV. Jan van Huizen bracht een middag met mij door bij Quick in Amersfoort, mooie herinneringen kwamen boven. Suze van Breukelen en Elly Nijhuis van Stichting Nederlands Honkbal en Softbal Museum in Haarlem zochten tientallen documenten, verslagen en jaarboeken op. Bedankt voor de koffie. Chris Mast hielp mij op weg bij het zoeken in archieven en bij het vinden van contactpersonen. Journalist Joop Köhler zocht in zijn archief en zijn geheugen. Dat waren zeer prettige gesprekken. Daarnaast stuurde hij diverse artikelen uit zijn persoonlijk archief op die ik anders waarschijnlijk nooit had gevonden. Marco Stoovelaar is dé honkbalarchivaris van Nederland. Hij dook in zijn archieven en vond zeer bruikbaar materiaal. Rogier van Zon van De Honkbalsite heeft de afgelopen jaren op diverse momenten geholpen met informatie en kennis. Bij het *Haarlems Dagblad* zette Margot Klompmaker de deuren wagenwijd voor mij open en hielp me het wat chaotische zoeksysteem te doorgronden. Dimitri Walbeek en Monne Reitsma groeven in hun geheugen en archieven. Marc Kok gaf tips en wees mij op artikelen die ik zelf niet vond. Jan Esselman en zijn vrouw sleepten cola aan tot ze omvielen. Daarbij heeft Jan een zeer keurig bijgehouden archief met jaarverslagen. Ad Brevet e-mailde keurig bijgehouden scorekaarten uit 1979. Kees Wijdekop leverde statistieken over gestolen honken in 1973. Guus Mater hielp met het ophalen van herinneringen en het leggen van verbanden. Aad van der Steen van HSV Gryphons leidde mij rond in Rosmalen. Ruth Ellerbroek van de rechtbank in Rotterdam zorgde voor een interessante rondleiding achter de schermen. Rinke van den Brink hielp met de aanvraag voor de werkbeurs en gaf nuttig commentaar. Ronald Boot vond in zijn archief oude scorekaarten en wilde die met mij delen.

Zonder John Nelson had ik de Amerikaanse jaren van Gregory nooit zo goed kunnen beschrijven. Hij reed in de zomer van 2013 meer dan 12.000 kilometer met mij in een huurauto van Washington DC naar Seattle. Binnen 18 dagen waren we terug. Onderweg zagen we onder meer Everett, Appleton en Tacoma. Een krankzinnig lange reis, waarvoor dank!

Oud-international Henk van Lubeck dook in zijn honkbalarchief en ontving mij in zijn huis. Henk leerde mij veel meer over de geschiedenis van het honkbal in Nederland en de komst van Antilliaanse spelers naar de Nederlandse competitie.

Zijn zoon Sander van Lubeck deed diverse interviews voor dit boek, dacht mee en was zeer nuttig. Sanders kennis van de honkbalwereld maakt dit een beter boek, net als zijn onberispelijk uitgevoerde en uitgewerkte interviews. Wesley Meijer deed hetzelfde en hielp met onderzoek naar de jonge jaren van de broers Halman. Joanke Dijkstra hielp met het zoeken op Facebook en leverde daarmee als jonge onderzoeker een waardevolle bijdrage aan dit boek. Wijnand Kort maakte enkele transcripten. Gerlof Leistra zocht informatie over moorden in Nederland op. Leanne Schreurs vertaalde enkele Spaanse quotes en hielp mij deze in te passen in de tekst.

De broers Sander en Bas Mutsaards maakten een prachtige promotiefilm voor dit boek. Zie YouTube. Voor de gastvrijheid in de tijdelijke kantoorruimte aan het Mercatorplein wil ik Malve Dau en Annemeijn Verheij van Winkelstraatvereniging Jan Eef bedanken. Ook de medewerkers van espressobar Buongiorno verdienen een vermelding, als gastheren voor een officieus schrijverskantoor.

Ook mijn trouwe groep meelezers wil ik bedanken. Ton van Dijk toonde zich vanaf dag één enthousiast over dit project en was sparringpartner en adviseur. Als het even tegenzat, zag Ton hoe het verder moest. Leander Schaerlaeckens las mee en stimuleerde. Mieke Kroes hielp om het simpel te houden waar het ingewikkeld werd. Luc van Kemenade ging mee naar Wisconsin, deed enkele zeer sterke interviews waarvan ik in dit boek gebruik mocht maken en vond het stiekem wel leuk, dat honkbal. Daarnaast is er niets leukers dan bier drinken in Appleton. Met Luc dan.

Tot slotte bedank ik Joséphine en Suze. Hoewel Suze, nu vijf maanden, het nog niet helemaal zal begrijpen, heeft ze de afgelopen maanden meer over honkbal moeten horen dan goed is voor een baby. Dat zal de komende tijd veranderen. Misschien. Zeker is dat Joséphine te veel over honkbal heeft gehoord. Bedankt voor je geduld en steun. Nog een boek doen?

Begrippenlijst

Hieronder volgt een overzicht van vaak in dit boek gebruikte honkbaltermen en hun betekenis.

Breaking ball

Een categorie worpen die niet recht op de slagman afkomt zoals een fastball. Breaking balls bewegen opzij (van de slagman af of naar hem toe) of omlaag. Een curveball en slider zijn twee soorten binnen de categorie breaking ball. Een breaking ball is door de onregelmatige beweging van de bal moeilijker te vangen voor een catcher dan de fastball. De breaking ball stuitert soms vlak voor de catcher op de grond.

Bullpen

Plek waar de relief pitchers (kortweg: relievers, zie 'reliever' elders in deze lijst) zich opwarmen. Vaak afgeschermd van het veld, bijvoorbeeld onder de tribunes in het buitenveld.

Change-up

Een langzamere bal dan de fastball. Wordt gegooid met dezelfde armsnelheid, maar door een andere manier van vasthouden gaat de bal minder snel. Door de lagere snelheid ten opzichte van de fastball kan de slagman in verwarring worden gebracht en kan hij bijvoorbeeld te snel slaan.

Catcher

In goed Nederlands: achtervanger. Vangt de ballen voor

de werper en overlegt met hem over de te werpen ballen. Dat doet hij door, met zijn vingers verborgen tussen zijn benen, met de werper te communiceren. Zo betekent één gestrekte vinger vaak een fastball. De catcher weet dan waar hij op kan rekenen. In de regel zal de werper de keuze van zijn catcher respecteren, deze is immers de 'strateeg'. Een enkele keer zie je een werper met zijn hoofd schudden: hij wil dan een andere worp. De meeste catchers zijn groot en sterk. Waarom? Hurk maar eens een seconde of vijftien. En dat dertig keer achter elkaar. Dat doet een catcher dus iedere inning, negen innings lang. Hij is ook in staat om een time-out aan te vragen. In die tijd kan hij met de werper overleggen over de te voeren strategie. De catcher is vaak minder snel op de honken. Jason Halman was een catcher.

Closer

Dit is de werper die als laatste op de heuvel staat. Hij gooit de wedstrijd uit (to close: afsluiten). Een closer gooit vaak de laatste negende inning, maar het komt ook voor dat hij meer dan één inning gooit. Vaak is de closer een werper die erg hard gooit en daardoor moeilijk te raken is.

Coach

In het honkbal zijn de taken strikt verdeeld. De hoofdcoach is de spin in het web. Hij geeft op de belangrijkste momenten tekens door aan de honkcoaches. De eerste honkcoach geeft dan bijvoorbeeld een honkloper op het eerste honk opdracht om te stelen. Ook kan een honkcoach zelfstandig beslissingen nemen, zoals de derde honkcoach die aangeeft of een honkloper genoeg tijd heeft om de thuisplaat te bereiken. De hitting coach is verantwoordelijk voor de slagploeg. Geeft aanwijzingen en instructies.

Curveball

Bij een curveball, de meest gegooide breaking ball (zie 'breaking ball'), wordt de baan tijdens de vlucht onregelmatig. Vaak een specialiteit, minder vaak voorkomend dan bijvoorbeeld de fastball. Essentieel bij een curveball is de manier waarop de bal bij de naden wordt vastgehouden en de polsbeweging. In de regel wordt de curve minder vaak geworpen dan de fastball.

Designated hitter (aangewezen slagman)

De aangewezen slagman komt in het slagperk in plaats van de werper en staat niet in het veld. Vaak is dat een speler die niet uitblinkt in rennen of vangen, maar die wel een sterke slagman is.

Draft

De jaarlijkse periode waarin jonge spelers geselecteerd worden. In Amerikaanse sporten kiezen sportclubs jaarlijks uit amateurspelers en universiteitsspelers of collegespelers. Een voor een mogen de clubs een speler uitkiezen. De club die het jaar ervoor het slechtste heeft gepresteerd, mag doorgaans als eerste kiezen. Zo heeft de slechtste club de grootste kans om zich te versterken en uit de kelder van de competitie te klimmen. De spelers die als eersten worden gekozen krijgen vaak een miljoenencontract. Nederlanders doen niet zo vaak in de draft mee, maar worden in Nederland opgepikt door scouts en gaan meestal niet eerst naar een Amerikaanse universiteit.

Double play (dubbelspel)

Actie waarbij twee spelers in één actie worden uitgemaakt. Meest bekende variant is het dubbelspel via het tweede honk naar het eerste honk. Voorbeeld: er staat een honkloper op het eerste honk. De slagman slaat de bal over de grond richting de korte stop. De korte stop pikt de bal op, gooit razendsnel naar de tweede honkman, die tikt het tweede honk aan en gooit naar het eerste honk. De bal is eerder op het eerste honk dan de slagman. Twee man uit.

Earned Run Average (verdiend punt gemiddelde)

Een verdiend punt is een punt dat volledig voor rekening van de werper komt, met andere woorden: een punt dat zonder fout van de overige veldspelers tot stand komt. Het ERA is het gemiddeld aantal verdiende punten tegen dat een werper per negen innings incasseert. Berekening ERA: aantal verdiende punten gedeeld door aantal gegooide innings, uitkomst vermenigvuldigd met negen. Als de werper één inning gooit en zes verdiende punten tegen krijgt, dan bedraagt zijn ERA 54,00. (Zes gedeeld door één is zes, zes keer negen is 54.) Men geeft een ERA dus aan met twee cijfers achter de punt.

Een ERA beneden de 3,00 geldt als zeer goed. Een ERA in de buurt van 6,00 wordt als matig beschouwd.

Error (veldfout)

Een speler maakt een fout, bijvoorbeeld door een makkelijk te vangen bal te laten vallen. In het tophonkbal bepaalt een official scorer of er sprake is van een veldfout of een honkslag.

Fastball

Meest voorkomende worp in het honkbal. Een snelle worp, waarvan de snelheid vaak tussen de 140 en 160 kilometer per uur ligt. De bal gaat rechtdoor. Anders dan bij worpen die van richting veranderen zoals de curveball (boogbal) of sinker (bal die op het laatste moment een klein beetje daalt). De fastball kan op verschillende manieren worden gegooid. Bij de standaard fastball houdt de werper wijsvinger en middelvinger over de naden van de bal en geeft met een snelle polsbeweging de bal een maximale spin. Een variant is de split finger fastball. Hierbij houdt de werper de wijs- en middelvinger meer uit elkaar aan de bovenkant van de ball ('split finger') en dat zorgt ervoor dat de bal op het laatst naar beneden beweegt.

Gestolen honk

Bij een gestolen honk is een honkloper op eigen kracht een honk verder gekomen. Vaak is het een kat en muis spelletje. Een rechtshandige werper staat met zijn rug naar het eerste honk. Dat geeft de honkloper op het eerste honk de gelegenheid naar het tweede honk te sprinten als de werper met zijn worp begint. Werpers proberen dit te voorkomen met een pick-off: ze gooien de bal snel naar het eerste honk, in plaats van naar de catcher, zodat de honkloper wel dicht bij het honk moet blijven. Als de eerste honkman de honkloper met de bal aantikt voordat deze terug is op het eerste honk, dan is de honkloper uit.

Homerun

Bij vrijwel alle homeruns wordt de bal over de omheining in het buitenveld geslagen. De slagman kan vervolgens in zijn eigen tempo de honken aflopen. Bij een 'inside the park homerun' blijft de bal in het speelveld en loopt de slagman/honkloper razendsnel alle honken af, voordat de bal op de thuisplaat is. Uiterst zeldzaam in het tophonkbal, gegeven de snelheid waarmee de buitenvelders de bal gooien. De mooiste homerun? De grand slam homerun: met drie man op de honken slaat de slagman een homerun.

Major League Baseball (MLB)

De hoogste Amerikaanse profcompetitie die wordt beschouwd als de sterkste competitie ter wereld. Bestaat uit dertig teams verdeeld over twee leagues met sinds 2013 ieder vijftien teams: de National League en de American League. Een verschil tussen de leagues vormt de rol van designated hitter (zie hierboven). Iedere League heeft drie divisies: East, West en Central. De winnaar van de American League treft de winnaar van de National League in de World Series.

Niveaus in het Amerikaanse honkbal

Eerst komt de rookie league, het laagste profniveau in het Amerikaanse honkbal. De competitie loopt gewoonlijk gedurende de zomer en er zijn profcompetities in onder meer Arizona (Arizona League), in Florida (Gulf Coast League), in de Dominicaanse Republiek (Dominican Summer League) en Venezuela (Venezuelan Summer League). Een niveau hoger dan de rookie league is de advanced rookie league. Dan volgt single A (A) en advanced single A (A+). Vervolgens double A (AA) en uiteindelijk het hoogste niveau in de Minor Leagues: triple A (AAA).

Jonge spelers uit Europa krijgen vaak eerst een zomer de kans om te wennen in de rookie league, als ze goed genoeg zijn, mogen ze terugkomen. Alle dertig Amerikaanse profclubs hebben minstens één team op ieder niveau in de Minor Leagues. Je kunt een niveau overslaan op weg naar de Major League, maar de meeste spelers doorlopen alle niveaus. Voor Nederlanders blijkt vaak het double A-niveau al het eindstation. Het duurt gemiddeld zo'n vijf tot zeven jaar voordat een speler uit de rookie league, de Major League haalt. Spelers die niet bij een van de Amerikaanse clubs terecht kunnen (bijvoorbeeld door een tekort aan visa) worden naar de Dominicaanse Republiek gestuurd om te rijpen. De clubs in de Minor League zijn meestal geen eigendom van de Major League-clubs. Vaak zijn het samenwerkingsovereenkomsten. De Minor League-ploeg levert een stadion en clubpersoneel, de Major League-club leent de spelers uit. Salarissen in de Minor League zijn minimaal, globaal tussen 1000 en 1200 dollar per maand. Pas op Triple A-niveau of in de Major League verdien je veel. Minimumsalaris in de Major League in 2014: 500.000 dollar per jaar. Gemiddelde jaarsalaris in de Major League in 2013: 3.386.212 dollar.

Outfielder

De drie mannen die in het verreveld staan, worden outfielder of verrevelder genoemd. Gregory en Eddy Halman speelden met name als verrevelder. De midvelder of midfielder wordt als de leider van de honkbalverdediging gezien, vaak een kerel die sterk en snel is.

Passed ball (doorgeschoten bal)

De catcher laat een geworpen bal door die hij eigenlijk moest stoppen. Anders dan bij de wilde worp (zie hierna), waarbij de werper schuldig is. Als er sprake is van een passed ball en er staat een honkloper op het derde honk, kan de honkloper proberen te scoren.

Pinch-hitter

Komt aan slag ter vervanging van een andere speler. De pinch-hitter verdwijnt vaak na één slagbeurt weer naar de dug-out. Soms komt hij na zijn slagbeurt ook in het veld. Als een coach weet dat een van zijn reserves goed presteert tegen een bepaalde werper, kan hij die als pinch-hitter inzetten.

Pitcher

De werper. Zijn worpen bepalen of de slagploeg voet aan de grond krijgt. Wordt beschouwd als de belangrijkste man op het veld. Zoals de Amerikanen zeggen: 'It is all about pitching.' Het draait allemaal om het werpen. Het liefst blijft de startende werper zo lang mogelijk staan zodat de vervangende werpers (de relievers) niet te snel aan het werk moeten.

Relief pitcher of reliever (vervangende werper)

Een werper die op de heuvel komt als de startende werper het moeilijk krijgt. Relievers komen voor korte of langere tijd op de heuvel. Sommige relievers worden zelfs ingezet voor één slagman. Vandaag de dag wordt meer gebruik gemaakt van relievers dan in het verleden.

Rookie (eerstejaarsspeler)

De rookie wordt geacht geen al te grote mond te hebben en naar oudere spelers te luisteren. Traditie in Amerika: de rookies moeten tijdens de laatste uitwedstrijd van het seizoen verkleed op de club verschijnen. Zo werden de rookies van de Washington Nationals in 2011 als de smurfen uitgedost en deelden zij in die outfit handtekeningen uit aan fans. Ook gingen ze in de smurfenoutfit mee in de spelersbus. De beste rookie in de Major League wordt tot 'rookie of the year' verkozen.

Run batted in (RBI, binnengeslagen punt)
Een slagman die een honkloper binnenslaat wordt een 'binnengeslagen punt' ('run batted in') toegeschreven. Afkorting: RBI. De slagman kan ook een punt binnenslaan door zelf uit te gaan. Als een veldspeler een fout maakt na een geslagen bal en er komt toch een punt binnen, dan kan het zo zijn dat er geen RBI toegekend wordt.

Save
Wordt toegeschreven aan de werper die als laatste op de heuvel staat voor het winnende team en een eerder verkregen voorsprong effectief verdedigt. Een closer zal in de regel veel saves achter zijn naam krijgen. Een werper kan niet de winnende werper zijn en tegelijkertijd een save op zijn naam krijgen. N.B. Verwar 'save' niet met het in het honkbal ook gebruikte begrip 'safe' (= veilig). De laatste term betekent dat de honkloper op tijd op een honk arriveert, dan wel op tijd de thuisplaat passeert.

Slaggemiddelde
Het slaggemiddelde geeft aan hoeveel honkslagen een slagman gemiddeld in één slagbeurt slaat. Het is dus een (tiendelige) breuk, te berekenen door het aantal honksla-

gen te delen door het aantal slagbeurten. Als een slagman vier honkslagen heeft geslagen in tien slagbeurten dan bedraagt zijn slaggemiddelde 0.400, afgekort .400. Het slaggemiddelde begint dus met een nul of met een punt. Een slaggemiddelde van .300 is in de Major League goed. Een slaggemiddelde van boven .400 komt bijna nooit voor in de Major League. Een slagman krijgt niet elke keer dat hij aan slag is een slagbeurt; zo tellen vier wijd en geraakt werper (waarbij de werper tegen de slagman aangooit) niet als slagbeurt. Wel zo eerlijk, want je kunt een slagman niet kwalijk nemen dat hij een wijd laat gaan of dat hij door de geworpen bal geraakt wordt.

Spring Training

Voorjaarsvoorbereiding, de jaarlijkse seizoensvoorberei-ding. Wordt in Amerika afgewerkt in de ook 's winters warme staten Florida en Arizona, zodat de spelers onder goede omstandigheden kunnen trainen. In steden als Pittsburgh en Chicago is het in het voorjaar nog erg koud. Dat hindert de training. Ook het Nederlands team reisde de afgelopen jaren naar Florida en Arizona voor Spring Training.

Strike out

Fenomeen waarbij de slagman drie slag te verwerken krijgt en dus uit is.

Umpire

De scheidsrechter in het honkbal. Het zijn er altijd meer-dere, afhankelijk van het niveau waarop gespeeld wordt. Bij het WK was er een scheidsrechter achter de thuisplaat, een achter het eerste honk en een bij het derde honk. In de Major League staat ook een scheidsrechter bij het twee-de honk. Tijdens de World Series komen daar zelfs twee buitenveldscheidsrechters bij: op de lijn in het linksveld en op de lijn in het rechtsveld.

Vier wijd

De werper gooit de bal vier keer buiten de slagzone en de slagman slaat niet op de geworpen bal. De slagman krijgt een vrije loop naar het eerste honk. In het Engels heet dit 'base on balls', afgekort als 'BB' ('ball' = wijd).

Wild pitch (wilde worp)

De naam zegt het al: de worp van de werper is dermate ongecontroleerd dat de catcher de bal onmogelijk kan vangen. Het resultaat van een wild pitch is in de regel het-zelfde als dat van een passed ball (zie elders in deze lijst): eventuele honklopers kunnen zonder veel risico een honk verder komen.

World Baseball Classic

Voor het eerst georganiseerd in 2006. Sinds 2009 eens in de vier jaar gehouden. Vervangt sinds 2012 de wereld-kampioenschappen zodat de winnaar van de World Base-ball Classic zich nu ook wereldkampioen mag noemen. Profs uit de Major League mogen meedoen. Nederland werd wereldkampioen in 2011 en haalde de halve finale van de World Baseball Classic in 2013. Daarin verloor het van de Dominicaanse Republiek.

Bronnen

Kranten / persdiensten

Algemeen Dagblad
Frank van de Gevel, 'Groeibriljant in Haarlem', *Algemeen Dagblad*, 24-5-2004; 'Tophonkballer gedood door eigen broer', *Algemeen Dagblad*, 22-11-2011; 'We zijn twéé broers kwijt, Greg en Jason', *Algemeen Dagblad*, 23-11-2011; Sander Sonnemans, 'Vreugde bij familie gedode honkballer: dader vrij', *Algemeen Dagblad*, 17-8-2012; Sander Sonnemans, 'Jason wordt niet gestraft voor de dood van z'n broer', *Algemeen Dagblad*, 31-8-2012; '*Greg* is altijd in mijn gedachten', *Algemeen Dagblad*, 15-9-2012; Bart Boerop, 'Kali je kan het, Kali je kan het', *Algemeen Dagblad*, 12-3-2013; Arjan Klaver, 'Stalen honkbalperfectie', *Algemeen Dagblad/ Amersfoortse Courant*, 30-7-2014.

Amigoe di Curaçao
'Opening van de Pepsi-Cola fabriek', *Amigoe di Curaçao*, 23-1-1942; 'Marlboro te sterk voor Pepsi Cola: 4-1', *Amigoe di Curaçao*, 22-8-1968; 'Marlboro blijft Fasco goed volgen aan kop', *Amigoe di Curaçao*, 9-9-1968; 'Aldo blijft Casa Haime na twee zeges goed volgen', *Amigoe di Curaçao*, 17-1-1969; 'Werpersfout gaf Marlboro zege op Pepsicola (6:5)', *Amigoe di Curaçao*, 2-4-1969; 'Zege voor Casa Haime en Pepsi Cola bij softball', *Amigoe di Curaçao*, 22-4-1969; 'Pepsi Cola boekt

zege over Ramco', *Amigoe di Curaçao*, 20-5-1969; 'Kampi-oenstitel voor Pepsi Cola verdiend', *Amigoe di Curaçao*, 14-8-1970; 'Venezolaanse jeugd tegen Aruba selectie', *Amigoe di Curaçao*, 26-8-1970; 'ABA stelt ploeg samen', *Amigoe di Curaçao*, 29-9-1970; 'Curaçao op baseballgebied veel sterker dan Aruba: 12-3', *Amigoe di Curaçao*, 12-10-1970; 'Baseball', *Amigoe di Curaçao*, 14-11-1970; 'Aruba grijpt in 9e inning zege', *Amigoe di Curaçao*, 14-11-1970; 'Baseballclub Hei-neken 20 jaar', *Amigoe di Curaçao*, 28-5-1971; 'PC en ACH nog ongeslagen bij baseball', *Amigoe di Curaçao*, 15-6-1971; 'Marlboro veegt PC met 13-1 van het veld', *Amigoe di Cura-çao*, 25-6-1971; 'Arubaanse spelers voor Mexico', *Amigoe di Curaçao*, 29-7-1971; 'Aruba present in Monterey', *Amigoe di Curaçao*, 25-8-1971; 'Pepsi brengt Heineken 11-7 nederlaag toe', *Amigoe di Curaçao*, 27-9-1971; 'Sensationele zege van Pepsicola op Heineken', *Amigoe di Curaçao*, 4-10-1971; 'Brid-gestone tweemaal baas over Pepsi Cola', *Amigoe di Curaçao*, 18-10-1971; 'Bridgestone voor vierde maal Antilliaans base-ball kampioen', *Amigoe di Curaçao*, 25-10-1971; 'Marlboro makkelijke prooi (6-0) voor Pepsi Cola', *Amigoe di Curaçao*, 7-4-1972; Koploos artikel met foto's van Halman en Briezen, *Amigoe di Curaçao*, 22-9-1972; 'Arubaans baseball moet weer laten', *Amigoe di Curaçao*, 8-2-1973; 'Straf voor baseballspe-lers', *Amigoe di Curaçao*, 8-2-1973;'Pelotero Ceferino Bislip a fallece den tratico', *Amigoe di Curaçao*, 22-10-1973; 'Basebal-ler Frank Lewis overleden', *Amigoe di Curaçao*, 26-9-1977; 'Voorselecties basketball', *Amigoe di Curaçao*, 31-12-1977; 'Grootste nederlaag tijdens Europees kampioenschap; Ne-derland met 14-1 van het veld geveegd', *Amigoe di Curaçao*,

16-8-1979; 'Tweede keer golfkampioen Halman wint champion of champions', *Amigoe di Curaçao*, 28-10-1987.

ANP
'Werper Van Mil debuteert in WK-selectie', ANP, 18-11-2007; 'Honkballers met 28 man naar Florida', ANP, 21-2-2011; Jaco Kaijen, 'Honkbalheld Sams zweeft door hulp van boven', ANP, 12-3-2013.

Brabants Dagblad
Arjen de Boer, 'Familie kan nu samen rouwen', *Brabants Dagblad*, 17-8-2012.

De Gelderlander
'Familiedrama schokt Druten', *De Gelderlander*, 20-11-2007.

De Gooi & Eemlander
Carlo Nijveen, 'Treuren om Gregory in zee van petjes', *De Gooi- en Eemlander*, 28-11-2011.

De Stem
'Verlies het Zeeuwse Honk', *De Stem*, 15-4-1975; 'Oefenduel van Zeeuwse Honk', *de Stem*, 10-4-1976; 'Zwakke start honkbalploeg', *De Stem*, 6-8-1979.

De Telegraaf
'Ron Fraser honkbalcoach', *De Telegraaf*, 19-3-1972; 'Honkbal blijft "voetbalsport"', *De Telegraaf*, 1-5-1972; '"Ik voel me nog twintig"', *De Telegraaf*, 5-5-1972; 'Voorbereiding uiterst zwak',

De Telegraaf, 24-5-1972; Gé Hoogenbos, 'Eerste oranjeverlies op vaderlandse bodem in honkbalweek', *De Telegraaf*, 1-7-1972; Gé Hoogenbos, 'Zelfvertrouwen Oranje is zoek', *De Telegraaf*, 4-7-1972; Gé Hoogenbos, 'Antillen laat langs Italië', *De Telegraaf*, 5-7-1972; Gé Hoogenbos, 'Cuba grandioze overwinnaar', *De Telegraaf*, 7-7-1972; Gé Hoogenbos, 'Piets sloeg weer homerun', *De Telegraaf*, 8-7-1972; Gé Hoogenbos, 'Haarlemse honkbalweek strandde in de modder', *De Telegraaf*, 10-7-1972; Gé Hoogenbos, 'Amerikaans selectiesysteem voorbeeld voor Nederland', *De Telegraaf*, 15-7-1972; 'Antillianen mogen niet honkballen', *De Telegraaf*, 22-7-1972; 'Honkbalteam niet naar strijd om wereldtitel', *De Telegraaf*, 22-7-1972; Gé Hoogenbos, 'Beckers wilde opnieuw niet op de heuvel', *De Telegraaf*, 24-7-1972; 'Protest HCAW', *De Telegraaf*, 7-8-1972; 'Van der Mark schoot geruisloos omhoog', *De Telegraaf*, 28-8-1972; 'Richardson lonkt naar Nicols', Jaap Metz, 'Ronselpraktijken in honkbalwereld', *De Telegraaf*, 30-10-1972; *De Telegraaf*, 1-11-1972; 'Honkballers spelen om administratie in stand te houden', *De Telegraaf*, 26-2-1973; 'Honkbalseizoen in teken van combine', *De Telegraaf*, 28-4-1973; 'Honkballen voor f3.000', *De Telegraaf*, 16-7-1973; 'ORWO-Antillianen mogen nu spelen', *De Telegraaf*, 20-7-1973; 'Aktie actief', *De Telegraaf*, 27-10-1973; 'HCAW weigert', *De Telegraaf*, 31-10-1973; 'Honkballers nu geschorst', *De Telegraaf*, 17-12-1973; 'Frank Lewis overleden', *De Telegraaf*, 26-9-1977; 'Ronnenbergh en Weber op slag', *De Telegraaf*, 28-5-1979; 'Amstel Tijgers blijft aan de leiding', *De Telegraaf*, 5-6-1979; 'Topspanning in de honkbalcompetitie', *De Telegraaf*, 11-6-1979; 'Tijgers kwamen sterk terug', *De Telegraaf*, 25-6-1979;

'Louis Jacobs blies Giants omver', *De Telegraaf*, 2-7-1979; 'Opvallende rol voor de pitchers', *De Telegraaf*, 6-8-1979; Johan Carbo, 'Belgen woedend over minachting door organisatie', *De Telegraaf*, 13-8-1979; '237 homeruns in hoofdklasse', *De Telegraaf*, 24-9-1979; 'Titel voor Tijgers door Urbanus', *De Telegraaf*, 4-8-1980; 'Neptunus kreeg twee punten', *De Telegraaf*; 21-7-1980; 'Kok en Nicols nu aan de leiding', *De Telegraaf*, 17-5-1982; 'Sparta knokt voor lijfsbehoud', *De Telegraaf*, 5-8-1985; Eduard Voorn en Ardie den Hoed, 'Neptunus voldoet aan verwachtingen', *De Telegraaf*, 6-7-1987; Fred Soeteman, 'Moordverdachte terroriseert familie ex-vrouw', *De Telegraaf*, 20-8-2009; 'Honkbalbroers waren dol op elkaar; Greg, mijn alles, komt naar Nederland toe', *De Telegraaf*, 22-11-2011; 'Gregory Halman begraven in Driehuis', *De Telegraaf*, 29-11-2011; Theo Jongedijk, 'Jason Halman 'ontoerekeningsvatbaar', *De Telegraaf*, 15-8-2012; Saskia Belleman, 'Honkballer gedood "uit broederliefde"', *De Telegraaf*, 17-8-2012; 'Doodslag, maar Jason H. vrijuit', *De Telegraaf*, 31-8-2012.

De Tijd
'Lewis naar HCAW', *De Tijd*, 19-7-1972; 'Briezen mogelijk naar de Nicols', *De Tijd*, 22-7-1972; 'Titel voor ADO in eerste klas', *De Tijd*, 21-8-1972; 'Antilliaanse honkballers mogen niet spelen', *De Tijd*, 29-7-1972; 'ORWO/HCAW winnaar op honkbalmarkt, *De Tijd*, 16-11-1972; 'Sportflitsen', *De Tijd*, 19-7-1973.

de Volkskrant
Peter Bruin, 'Rake klappen, gouden toekomst; "Soms laat hij pitches gaan die hij kapot moet slaan"', *de Volkskrant*,

10-7-2004; Kosse Stegman, 'In Major League begint het voor Halman pas echt', *de Volkskrant*, 15-9-2007; Bart Jungmann, 'Kind van Kinheim, te groot voor WK; Postuum honkballer Gregory Halman (1987–2011)', *de Volkskrant*, 22-11-2011; John Schoorl, 'Opeens was Jason een niemand', *de Volkskrant*, 30-11-2011; Elsbeth Stoker, 'Jason mag tot het vonnis naar huis', *de Volkskrant*, 17-8-2012; Lisette van der Geest, 'Een huilend oog, met daaronder de initialen van Greg', *de Volkskrant*, 11-3-2013.

De Waarheid
'Frank Lewis overleden', *De Waarheid*, 26-9-1977.

GPD
'Halman met honkbalselectie naar Curaçao', GPD, 29-1-2005.

Haarlems Dagblad
'Major-League scout Amaro wil Europeaan contracteren', *Haarlems Dagblad*, 8-7-1972; Marc Serné, 'Ron Fraser ziet honkbalweek als aanloop naar Nicaragua', *Haarlems Dagblad*, 8-6-1972; 'Nicols moet oppassen in derby tegen HCK', *Haarlems Dagblad*, 16-6-1972; Jan Venema, 'Sullivan wil praatjes over racisme uit de wereld helpen', *Haarlems Dagblad*, 29-6-1972; 'Rasmijn oog in oog met neef Briezen', *Haarlems Dagblad*, 30-6-1972; 'Nederland kansloos tegen spectaculair Antillen', *Haarlems Dagblad*, 1-7-1972; 'Unieke homerunaffaire van Antillen', *Haarlems Dagblad*, 5-7-1972; 'Helden raken nu vermoeid', *Haarlems Dagblad*, 8-7-1972; Henk Knol, 'Het pu-

bliek prefereert goed honkbal boven chauvinisme', *Haarlems Dagblad*, 8-7-1972; Henk Knol, 'Fraser kreeg lijn in Nederlands team', *Haarlems Dagblad*, 10-7-1972; 'Jan Dick Leurs beste werper', *Haarlems Dagblad*, 30-10-1972; 'ORWO/HCAW mag Antillianen nog niet opstellen', *Haarlems Dagblad*, 9-2-1973; 'Halman–Lewis mogen spelen', *Haarlems Dagblad*, 16-7-1973; 'Versterkt HCAW kan van Luycks Giants winnen', *Haarlems Dagblad*, 27-7-1973; 'Nicols te laat in goeden doen bij OVVO', *Haarlems Dagblad*, 30-7-1973; 'ORWO /HCAW ten koste van UVV in hoofdklas', *Haarlems Dagblad*, 1-10-1973; 'Nol Beenders naar Kinheim', *Haarlems Dagblad*, 15-10-1973; 'Vijf nieuwe spelers bij Aktie '68-Kinheim', *Haarlems Dagblad*, 26-10-1973; 'Muller: "Geen betaling van honkballers"', *Haarlems Dagblad*, 27-10-1973; 'Ook Jan van Markus naar Aktie '68', *Haarlems Dagblad*, 31-10-1973; 'ORWO/HCAW wil Halman en Lewis royeren', *Haarlems Dagblad*, 17-12-1973; 'HHC in elfde inning baas over Neptunus', *Haarlems Dagblad*, 4-6-1974; 'Aktie '68 Kinheim in de promotiepoule', *Haarlems Dagblad*, 10-6-1974; 'Dorlas verraste Aktie '68/ Kinheim', *Haarlems Dagblad*, 17-6-1974; 'Aktie '68 gestuit', *Haarlems Dagblad*, 24-6-1974; 'Haarlem nu op laatste plaats', *Haarlems Dagblad*, 2-6-1975; 'Haarlem onttrok zich aan gedrang in staartgroep', *Haarlems Dagblad*, 9-6-1975; 'Aktie '68 weer ongenaakbaar', *Haarlems Dagblad*, 16-6-1975; 'Superieur Aktie '68: twaalf homeruns', *Haarlems Dagblad*, 23-6-1975; 'Schoten hoeft nog niet te wanhopen', *Haarlems Dagblad*, 4-6-1977; 'Nicols en Kinheim gelijk op', *Haarlems Dagblad*, 13-6-1977; 'Degradatie in aantocht voor Schoten', *Haarlems Dagblad*, 20-6-1977; 'Nicols maakt geen fout tegen Storks', *Haarlems Dagblad*, 25-6-

1979; Pieter Mul, 'Muller heeft weer wat', *Haarlems Dagblad*, 28-6-1977; 'Optreden van Aaron trok 6000 mensen', *Haarlems Dagblad*, 30-6-1977; 'Frank Lewis overleden', *Haarlems Dagblad*, 26-9-1977; 'Lewis herdacht op receptie Nicols', *Haarlems Dagblad*, 3-10-1977; 'Jaarcijfers van honk- en softball', *Haarlems Dagblad*, 26-10-1977; 'Amerikaanse werper voor Kinheim', *Haarlems Dagblad*, 31-10-1977; 'Nederland neemt revanche: 3-1', *Haarlems Dagblad*, 8-8-1979; 'Honkbalploeg loopt tegen pak slaag op', *Haarlems Dagblad*, 9-8-1979; 'Honkbalteam in rol van underdog', *Haarlems Dagblad*, 11-8-1979; 'Teleurstellend honkbal op EK', *Haarlems Dagblad*, 13-8-1979; 'Honkbalverlies erg schlemielig', *Haarlems Dagblad*, 14-8-1979; 'Honkbalteam door Italië vernederd', *Haarlems Dagblad*, 16-8-1979; 'Oranje opnieuw kansloos: 0-5', *Haarlems Dagblad*, 18-8-1979; 'Honkbalteam faalt op alle fronten', *Haarlems Dagblad*, 20-8-1979; Hanny Halman-Suidgeest, 'Angst voor aantallen asielzoekers', *Haarlems Dagblad*, 12-4-1995; Dries de Zwaan, 'Pinguins productief tegen Bevers', *Haarlems Dagblad*, 7-7-1997; Dries de Zwaan, 'Wilmink grijpt schlemielig naast perfect-game', *Haarlems Dagblad*, 10-7-1997; 'De softballer van de week', *Haarlems Dagblad*, 11-7-1997; Dries de Zwaan, 'Mannen EHS ontsnappen in slotfase Haarlemmers bezorgen Pinguins stevige kater', *Haarlems Dagblad*, 11-8-1997; Dries de Zwaan, 'Puntloos Pinguins lijdt zware nederlaag tegen TIW/Survivors', *Haarlems Dagblad*, 22-5-1998; 'Eddy Halman verlaat Pinguins', *Haarlems Dagblad*, 26-6-1998; 'Winst honkballers op EK pupillen', *Haarlems Dagblad*, 22-7-1999; Monne Reitsma, 'Pupillen Europees kampioen', *Haarlems Dagblad*, 24-7-2000; 'Winst en verlies voor honkbaljeugd', *Haarlems Dagblad*, 22-8-2000; Meindert van Veen, 'Noordkop-basketballers gefocust op vijfde plek', *Haarlems Dagblad*, 8-2-2003; Dimitri Walbeek, 'Neptunus sterker, Kinheim jonger', *Haarlems Dagblad*, 31-3-2003; Dimitri Walbeek, 'Oude namen terug in nieuw jasje bij Kinheim', *Haarlems Dagblad*, 7-4-2003; Dimitri Walbeek, 'Eerste home-run seizoen voor Verbij', *Haarlems Dagblad*, 5-5-2003; Marc Kok, 'Toine Jager wil vuurtje aanwakkeren', *Haarlems Dagblad*, 30-5-2003; Bart Slegers, 'Broodnodige punten voor Kinheim', *Haarlems Dagblad*, 10-6-2003; Arnold Aarts, 'Een wereldtalent aan slag', *Haarlems Dagblad*, 18-6-2003; 'Grand Slam-homerun Halman (15)', *IJmuider Courant*, 20-6-2003; 'Vijftienjarige zorgt voor sensatie in EC honkbal', *Haarlems Dagblad*, 20-6-2003; Marc Kok, 'Kinheim honkbalt weer ontspannen en onbevangen', *Haarlems Dagblad*, 20-6-2003; Marc Kok, 'Kinheim vindt honkbalplezier terug in Sant Boï', *Haarlems Dagblad*, 23-6-2003; Dimitri Walbeek, 'Derby's in de schaduw van de toekomst', *Haarlems dagblad*, 25-8-2003; 'Kinheim stelt vijfde plaats veilig na 11-0 zege op Tornado's', *Haarlems Dagblad*, 29-8-2003; Marc Kok, 'Honkbaltalent Gregory Halman wil af van Amerikaans profcontract', *Haarlems Dagblad*, 10-4-2004; Judit Redelijkheid, 'Halman betreurt duels Elite A te moeten missen', *Helderse Courant*, 10-4-2004; Dimitri Walbeek, 'Johnny Balentina: It's nice to be back', *Haarlems Dagblad*, 19-4-2004; Jaap Bonkenburg, 'Volle buit voor Sparks, Pioniers en Kinheim', *Haarlems Dagblad*, 21-4-2004; Dimitri Walbeek, 'Kinheim moet luisteren en meer niet', *Haarlems Dagblad*, 26-4-2004; 'Olivera legt slagploeg Kinheim zwijgen op', *Haarlems Dagblad*, 3-5-2004; Arnold Aarts, 'Liever MVP dan Naomi Campbell', *Haarlems Dagblad*, 10-5-2004; Dimitri Walbeek, 'Forstin Coenraad laat de files achter zich', *Haarlems Dagblad*, 14-5-2004; Dimitri Walbeek, 'Kinheim over de knie', *Haarlems Dagblad*, 17-5-2004; 'Cycle' voor Halman', *Haarlems Dagblad*, 17-5-2004; Dimitri Walbeek, 'Gregory Halman niet met Oranje naar Athene', *Haarlems Dagblad*, 1-6-2004; Pablo Nieuw, 'Halman niet naar Athene', *Haarlems Dagblad*, 4-6-2004; Marc Kok, 'Ik wil ze daar in Amerika echt wat laten zien', *Haarlems Dagblad*, 21-6-2004; 'Kinheimer Gregory Halman naar Amerika', *Haarlems Dagblad*, 21-6-2004; Marc Kok, 'Seattle wil mij snel naar het hoogste niveau brengen', *Haarlems Dagblad*, 28-6-2004; Dimitri Walbeek, 'Halman slaat zichzelf en Kinheim uit slump', *Haarlems Dagblad*, 14-7-2004; 'Jason Halman in Jong Oranje', *Haarlems Dagblad*, 20-7-2004; Dimitri Walbeek, 'Jong Oranje mikt op WK honkbal op achtste plaats', *Haarlems Dagblad*, 31-8-2004; Marc Kok, 'Jong Oranje klopt Duitsers', *Haarlems Dagblad*, 6-9-2004; Marc Kok, 'Jong oranje treft Cuba in kwartfinale WK honkbal', *Haarlems Dagblad*, 8-9-2004; Marc Kok, 'Kwartfinale WK honkbal laatste halte Jong Oranje', *Haarlems Dagblad*, 13-9-2004; Marc Kok, 'HCAW alsnog eerste na bizar slot competitie', *Haarlems Dagblad*, 15-9-2004; Marc Kok, 'Kinheim in de steek gelaten door Halman', *Haarlems Dagblad*, 20-9-2004; Marc Kok, 'Dit heeft Gregory niet verdiend', *Haarlems Dagblad*, 23-9-2004; Marc Kok, 'Halman heeft het in zich om honkbaltop te halen', *Haarlems Dagblad*, 8-11-2004; Marc Kok, 'Dweilend veulen goes Amerika', *Haarlems Dagblad*, 20-11-2004; Dimitri Walbeek, 'Gregory Halman waardevolste honkballer', *Haarlems*

Dagblad, 20-1-2005; Dimitri Walbeek, 'Supergeconcentreerd' herstel van Pioniers tegen Pirates', *Haarlems Dagblad*, 11-4-2005; Marc Kok, 'Gregory Halman geniet bij Seattle Mariners', *Haarlems Dagblad*, 23-4-2005; Marc Kok, 'Diamantje op ontdekkingsreis', *Haarlems Dagblad*, 2-5-2005; Marc Kok, 'Honkballer Halman maakt profdebuut', *Haarlems Dagblad*, 25-6-2005; Marc Kok, 'Eerste hit en zege Halman', *Haarlems Dagblad*, 27-6-2005; Dimitri Walbeek, 'Jong Oranje titelverdediger in Pamplona', *Haarlems Dagblad*, 25-7-2005; Dimitri Walbeek, 'Jong Oranje slacht Rusland', *Haarlems Dagblad*, 29-5-2005; Dimitri Walbeek, 'Jong Oranje prolongeert Europese honkbaltitel', *Haarlems Dagblad*, 1-8-2005; Marc Kok, 'Jason Halman snuffelt bij Seattle Mariners aan profhonkbal', *Haarlems Dagblad*, 1-4-2006; Marc Kok, 'Marc Kok, 'Gregory Halman is niet te stoppen', *Haarlems Dagblad*, 28-6-2006; Marc Kok, 'Naomi Halman gaat in Amerika basketballen', *Haarlems Dagblad*, 28-6-2006; Marc Kok, 'Honkballer Halman is "hot" in Amerika', *Haarlems Dagblad*, 22-7-2006; Eric Strouwen, 'Logische keuze voelde niet goed', *Haarlems Dagblad*, 16-1-2007; Monne Reitsma, 'Halman moet stapje terug doen', *Haarlems Dagblad*, 13-6-2007; Monne Reitsma, 'Ik leer nog elke dag van mijn fouten', *Haarlems Dagblad*, 8-9-2007; Govert Wissen, 'Hollandse kweekvijver', *Haarlems Dagblad*, 6-10-2007; Theo Plasschaert, 'Kinheim pakt kop', *Haarlems Dagblad*, 26-5-2008; 'Wake-up call voor Kinheim', *Haarlems Dagblad*, 6-10-2008; Theo Plasschaert, 'Parodie op een wedstrijd in Hoofddorp', *Haarlems Dagblad*, 11-9-2008; Bart Slegers & Theo Plasschaert, 'Verlies Pioniers, RCH dichter bij handhaving', *Haarlems Dagblad*, 12-9-2008;

'Knokpartij', *Haarlems Dagblad*, 29-12-2008; Theo Plasschaert, 'Nuttige zeges', *Haarlems Dagblad*, 2-6-2009; Paul Lips, 'Nu sta ik er zelf', *Haarlems Dagblad*, 7-7-2010; Theo Plasschaert, 'Bizar einde aan seizoen Kinheim', *Haarlems Dagblad*, 1-9-2010; 'Slechts één doel in het leven', *Haarlems Dagblad*, 4-11-2010; 'Treurige verjaardag', *Haarlems Dagblad*, 16-5-2011; 'Herstel Kinheim na erg slechte start', *Haarlems Dagblad*, 20-5-2011; 'Degelijk winst Kinheim, Pioniers krijgt pak slaag', *Haarlems Dagblad*, 27-5-2011; 'Pioniers profiteert van fouten Kinheim', *Haarlems Dagblad*, 3-6-2011; 'Aan zijden draadje', *Haarlems Dagblad*, 22-8-2011; 'Pioniers als winnaar play-offs naar Holland Series', *Haarlems Dagblad*, 30-8-2011; Monne Reitsma, 'Talent kan belofte niet inlossen', *Haarlems Dagblad*, 22-11-2011; Govert Wisse, 'Honkbalwereld is in shock', *Haarlems Dagblad*, 23-11-2011; Marcel Akerboom, 'Indrukwekkend', *Haarlems Dagblad*, 28-11-2011; Annalaura Molducci, 'Monument is misschien te vroeg', *Haarlems Dagblad*, 23-1-2012; Gerard den Elt, 'Greg Halman leeft voort op het honkbalveld', *Haarlems Dagblad*, 24-5-2012; Gerard den Elt, 'Niet vrij na broedermoord', *Haarlems Dagblad*, 25-5-2012.

Het Vrije Volk

'Neptunus wint hoger beroep', *Het Vrije Volk*, 18-7-1980; Ton Verheul, 'Neptunus laat 't erbij zitten', *Het Vrije Volk*, 4-8-1980.

Inside

Bas den Breejen, 'Nederland voor Hallmann en Lewis beloofde land', *Inside*, september 1972; Bas den Breejen, 'Halman en Lewis "out", HCAW gedupeerd', *Inside*, februari 1973; Jaap Kok, 'Muller: Aktie '68 betaalt niet aan spelers', *Inside*, 3e jaargang, nummer 11, november 1973; Jaap Kok, 'Over perspraat', *Inside*, 3e jaargang, nummer 11, november 1973; Joop Köhler, 'Volgens mij...', *Inside*, 9e jaargang, nummer 8, augustus 1979; 'Eddy uitgetikt', *Inside*, 10e jaargang, nummer 4, april 1980; 'De beste honkballers (1967-1981)', *Inside*, 12e jaargang, nummer 2, februari 1982; 'Hoofdklassers honkbal', *Inside*, 12e jaargang, nummer 4, april 1982.

Noordhollands Dagblad
'"Ik voel nu wat het is om prof te zijn"', *Noordhollands Dagblad*, 18-11-2008; 'Niet vrij naar broedermoord', *Noordhollands Dagblad*, 25-5-2012.

NRC Handelsblad
Pieter de Vries, 'God heeft iets goeds voor met Greg'; vader klankbord voor honkbaltalent op zijn weg naar de top', *NRC Handelsblad*, 9-7-2004; Koen Greven, 'Gregs dood zal ons extra kracht geven', *NRC Handelsblad*, 10-12-2011.

Onbekend
'Halman terug bij Kinheim', onbekende krant, 31-5-1980.

Provinciale Zeeuwse Courant
Peter Verhage, 'Walcherse honkbalclubs in competitie met zes sterke Rotterdamse formaties', *Provinciale Zeeuwse Courant*, 26-4-1975; 'Demonstratieduel honkbal in Goed', *De Vrije Zeeuw*, 13-9-1975; 'Gilbert Lamberts steunpilaar van

Zeeuwse Honk Terneuzen', *Provinciale Zeeuwse Courant*, 2-7-1976; 'Zeeuwse Honk won van linkeroever Antwerpen', *Provinciale Zeeuwse Courant*, 18-8-1976; 'Trofeeën voor beste Terneuzense sporters', *Provinciale Zeeuwse Courant*, 14-12-1976; 'Halman op eenzame hoogte bij het 'Zeeuwse Honk', *Provinciale Zeeuwse Courant*, 17-12-1976; 'Honkballers oranje bereiken finaleronde', *Provinciale Zeeuwse Courant*, 28-10-2010.

Revu

Hans Doeleman, 'Het bankroet van ons honkbal', *Revu*, 1972.

Trouw

Han Koch, 'OM eist geen straf voor moord op broer', *Trouw*, 17-8-2012; Han Koch, 'Slachtoffer krijgt ruim baan in rechtszaak', *Trouw*, 18-8-2012; Han Koch, 'Doodslag bewezen, dader niet strafbaar', *Trouw*, 31-8-2012.

Utrechts Nieuwsblad

'UVV pakt twee punten af in dubbel', *Utrechts Nieuwsblad*, 7-5-1979; Kees Hiele, 'Bij UVV ontbreekt nog goede slagploeg', *Utrechts Nieuwsblad*, 14-5-1979; 'UVV heeft weinig mazzel en kaapt te weinig punten weg', *Utrechts Nieuwsblad*, 21-5-1979; Kees Hiele, 'Eddy Hallman is altijd goed voor een homerun', *Utrechts Nieuwsblad*, 25-5-1979; Kees Hiele, 'Niemand ging voortijdig weg bij de duels tussen UVV en Quick', *Utrechts Nieuwsblad*, 11-6-1979; Kees Hiele, 'Sparta bewondert slagploeg UVV', *Utrechts Nieuwsblad*, 18-6-1979; Kees Hiele, 'UVV heeft problemen met de scheidsrechter', *Utrechts Nieuwsblad*, 25-6-1979; 'UVV rolt

HCAW volledig op: 24-7', *Utrechts Nieuwsblad*, 30-7-1979; 'Honkballers weggeknuppeld door oppermachtig Italië', *Utrechts Nieuwsblad*, 20-8-1979; Kees Hiele, 'Gebruikelijke puntendeling van UVV-honkballers tegen Quick', *Utrechts Nieuwsblad*, 27-8-1979; 'Werpers incident bij HMS', *Utrechts Nieuwsblad*, 3-9-1979; 'Zuidvogels bewijst BSC prima dienst', *Utrechts Nieuwsblad*, 10-9-1979; 'Kinheim dankt UVV', *Utrechts Nieuwsblad*, 17-9-1979; Kees Hiele, 'UVV klopt Giants in elf innings; Jurjen Bosga genoeg aan 2x3 slag', *Utrechts Nieuwsblad*, 30-6-1980; '"Waardeloze Bosga", probleem voor Kinheim', *Utrechts Nieuwsblad*, 27-5-1989.

Tijdschriften
NUsport Magazine
Nieuwe Revu

Boeken/Jaaroverzichten
Jaarboek 1976 Aktie '68 Kinheim.
Jubileumboek 75 jaar KNBSB
KNBSB Jaarverslagen 1978.
KNBSB Jaarverslagen 1979.
Programmaboekje 'Internationale baseball-week Haarlem' 1972.
Jubileumgids/uitgave UVV Honkbal 1988.
Program and Instructions International Baseballweek Haarlem 1972.
Scorekaarten van enkele wedstrijden uit de Honkbalweek van 1972 uit een plakboek in het Honkbalmuseum in Haarlem.

Hans van Driel Krol, Wim Oosterhof, Ronald Overmeer, Dries de Zwaard (redactie), *75 Jaar Kinheim* (Haarlem: 2010).

Joop Köhler, Loet van Schellebeek, Hans de Bie, Johan Carbo, Haro Hielkema en Chris Mast (redactie), *Honderd jaar* KNBSB. *Eeuw met gouden glans* (Nieuwegein: Koninklijke Nederlandse Baseball en Softball Bond, 2012).

Joop Köhler, Loet van Schellebeek, Hans de Bie, Johan Carbo en Chris Mast (redactie), *25 Haarlemse Honkbalweken. Een groot feest. 1961-201`o.* (Bloemendaal: Stichting Honkbalweek, 2010).

L.G. Dalhuisen, Rose Mary Allen, Gilbert Casseres, *Geschiedenis van de Antillen* (Zutphen: Walburg Pers, 2009).

Dan Formosa & Paul Hamburger, *Baseball. Field Guide. An in-depth illustrated guide to the complete rules of baseball* (Boston: Da Capo Press, 2006).

Mark van der Gaag, Tonnie Staring, Lucia Valmaggia (redactie), *Handboek Psychose. Theorie, diagnostiek en behandeling* (Amsterdam: Boom, 2012).

John Jansen van Galen, *De toekomst van het koninkrijk; de dekolonisatie van de Nederlandse Antillen* (Amsterdam: Contact, 2004).

Johan Lezy, *Psychose Verschijning Beleving Structuur* (Amsterdam: Boom, 2007).

Theo Reitsma, André Bisschop (redactie), *Play ball: honkbalverhalen uit de dug-out van Nederland* (Utrecht: Tirion Sport, 2005).

Mike Stadler, *The Psychology of baseball* (New York: Gotham Books, 2007).

Daniel Putkowski, *An island Away. A novel of Aruba* (Lehighton: Hawser press, 2008).

Beelden

Wedstrijdbeelden via mlb.com, NOS en RTV NH.

Uitzending *Nieuwsuur* 25 november 2011.

De krantenarchieven van het *Haarlems Dagblad* en het Noord-Hollands Archief.

Verslag van de rechtszaak door Henrik-Willem Hofs voor de NOS op 16 augustus en 30 augustus 2012.

Websites

www.ad.nl

www.alcmariavictrix.nl

www.baseball-almanac.com

www.baseballamerica.com

www.baseballprospectus.com

www.baseball-reference.com

www.bleacherreport.com/articles/178283-farm-report-of-greg-halman

www.delpher.nl

www.espn.com

www.europeanbigleaguetour.com

www.facebook.com

www.historiodiaruba.aw

www.honkbalsite.com

www.honkbalweek.nl

www.ibaf.org/stats/2010/taiwan/games/19.htm

www.jacksonville.com/tu-online/stories/071708/
    sps_305074714.shtml

www.knbsb.nl

www.krantenbankzeeland.nl

www.mariners.com

www.milb.com

www.mlb.com

www.mlbplayers.com

www.nature.com

www.newsweek.com

www.nos.nl

www.nrc.nl

www.nusport.nl

www.nytimes.com

www.schizophrenia.com/research/hereditygen.htm

www.si.com

www.telegraaf.nl

www.trouw.nl

www.twitter.com

www.volkskrant.nl

www.worldbaseballclassic.com

www.youtube.com

http://archive.today/link:www.mundialbeisbolpanama
    2011.org.pa

http://blogs.seattletimes.com/hotstoneleague/2011/11/
    23/pedro_grifol_on_greg_halman_ou/

www.oursportscentral.com/services/archive/

http://home.wanadoo.nl/hwede/stats02/ekcad02/index.html

http://home.wxs.nl/~stoov/
www.vijfeeuwenmigratie.nl/
http://visser14.home.xs4all.nl/

Quotes

De uitspraken in dit boek zijn afkomstig uit zo'n 200 gesprekken met meer dan 150 betrokkenen die de auteur tussen juni 2011 en september 2014 voerde. Enkele quotes zijn eerder afgedrukt in artikelen of boeken van de auteur, zoals de quotes van Gregory in het stuk uit Washington DC (in *NUsport Magazine*, zomer 2011).

Uit de gesprekken die ik tussen 2011 en 2014 met Eddy Halman voerde, wordt op diverse plekken geciteerd. Op een korte ontmoeting na wilde zijn ex-vrouw Hanny Suidgeest niet met mij spreken. Datzelfde geldt voor haar dochters Eva en Naomi en haar zoon Jason. Uitspraken die aan een van hen worden toegeschreven, zijn afkomstig uit gesprekken met andere betrokkenen, uit de rechtbankzitting of uit andere verslagen en archieven.

Voor dit boek zijn diverse tapes en aantekeningen opnieuw bekeken en is in sommige gevallen nog niet gepubliceerd materiaal alsnog gepubliceerd. In enkele gevallen wensten de geïnterviewden anoniem te blijven. Die verzoeken zijn gehonoreerd. Dat gold niet voor geïnterviewden die achteraf hun autorisatie voor een gesprek introkken.

De reconstructie van gesprekken is zo zorgvuldig mogelijk gebeurd. In een aantal gevallen was het óf niet meer mogelijk om de andere gesprekspartner te spreken in verband met overlijden of andere omstandigheden. Ook weigerden enkele gesprekspartners in opgevoerde dialogen hun medewerking. In die beide gevallen is zo goed mogelijk nagegaan of de gesprekken kloppen. Bijvoorbeeld door het lezen van rechtbankverslagen of de getuigenissen zoals de auteur die heeft gehoord in de rechtbank.

Fouten komen uitsluitend voor rekening van de auteur.

Voor een aantal feiten en uitspraken in de paragraaf 'Biefstuk' in hoofdstuk 'De daad' is gebruik gemaakt van het begrafenisverslag 'Opeens was Jason een niemand', van John Schoorl in *de Volkskrant* van 30 november 2011.

De quote over Eddy en de meisjes op de brommer en 'Het was een compleet nieuwe wereld. Ik vergat al mijn zorgen,' uit hoofdstuk 1 is afkomstig uit een interview met Marie-José Kleef in het jubileumboek van de KNBSB. De quote over de weddenschap van Eddy met zijn moeder ('Je komt toch terug, net als de andere keren.') komt uit bondsblad *Inside*, editie september 1972. De passage over honkbal als verbindende factor in San Nicolas is eerder gebruikt in een profiel over Xander Bogaerts op www. sportschrijvert.nl. De uitspraak van Joop Köhler over het mislukte EK in hoofdstuk 1 is afkomstig uit bondsblad *Inside*. De quote 'we waren bang' in hoofdstuk 1 komt van RTV Noord-Holland, uit een uitzending rond de Honkbalweek in 2010. 'Die beslissing heeft mijn seizoen gered' komt uit een interview dat Marc Kok met Gregory Halman had voor het *Haarlems Dagblad*. De quote van Jason dat hij z'n broer niet pijn wil doen komt uit het artikel 'Jason mag tot het vonnis naar huis' uit *de Volkskrant*.